MW00677660

Workbook
to Accompany
Somos Vecinos

Workbook to Accompany
Somos Vecinos

Intermediate Spanish through U.S. Latino Culture

Joan F. Turner
University of Arkansas at Fayetteville

William C. Maisch
University of North Carolina at Chapel Hill

Heather D. Mendoza
University of Arkansas at Fayetteville

PEARSON
Prentice Hall

Upper Saddle River, NJ 07458

Acquisitions Editor: *Bob Hemmer*
Editorial Assistant: *Pete Ramsey*
Sr. Director of Market Development: *Kristine Suarez*
Production Editor: *Claudia Dukeshire*
Asst. Director of Production: *Mary Rottino*
Assistant Editor: *Meriel Martínez Moctezuma*
Media Editor: *Samantha Alducin*
Media Production Manager: *Roberto Fernandez*
Prepress and Manufacturing Buyer: *Christina Helder*
Prepress and Manufacturing Assistant Manager: *Mary Ann Gloriande*
Director, Image Resource Center: *Melinda Reo*
Interior Image Specialist: *Beth Boyd Brenzel*
Manager, Rights and Permissions IRC: *Zina Arabia*
Executive Marketing Manager: *Eileen B. Moran*
Publisher: *Phil Miller*

This book was set in 10/12 Korinna by *Wanda España/Wee Design Group*
and was printed and bound by *Bradford and Bigelow, Inc.*
The cover was printed by *Bradford and Bigelow, Inc.*

© 2004 by Pearson Education, Inc.
Upper Saddle River, NJ 07458

All rights reserved. No part of this book may be
reproduced, in any form or by any means, without
permission in writing from the publisher.

Printed in the United States of America

10 9 8 7 6 5 4 3 2 1

ISBN 0-13-110924-3

Pearson Education LTD., London
Pearson Education Australia PTY, limited, Sydney
Pearson Education Singapore, Pte. Ltd.
Pearson Education North Asia Ltd., Hong Kong
Pearson Education Canada, Ltd., Toronto
Pearson Education de México, S.A. de C.V.
Pearson Education — Japan, Tokyo
Pearson Education Malaysia, Pte. Ltd.
Pearson Education, Upper Saddle River, New Jersey

To the memory of my parents,
Bill and Stella Bartlam.
JFT

To my wife, Heather, and my family.
WCM

To Ella Mae, Patricia and Wendy... my foundation,
to Nicolás...my inspiration,
and to Alejandro... my calm in the storm.
HDM

Tabla de contenidos

Preface

To students and instructors:

The *Workbook to Accompany Somos Vecinos* (Cuaderno de actividades) is designed to both complement and supplement the text. Together with the text and Student Video CD-ROM, the *Workbook* presents a full, four-skills, integrated, and flexible one-semester intermediate grammar review program. In addition to complementary notes on grammar structures and additional practice exercises on structure and vocabulary, the workbook offers additional reading practice as well as a listening guide to the *Entrevistas virtuales* (video interviews) provided for each chapter on the Student Video CD-ROM and the VHS video tape.

Any or all of the workbook pages may be assigned as homework. Perforated pages with "student name" and "date" headers are designed to be easily removed from the workbook and submitted to the instructor for checking and/or correction. Where possible, the answers to practice activities are given in the answer key section at the back of the workbook. This makes it possible for students to either self-correct or to correct each other's work.

Components of each chapter

Each workbook chapter closely follows the cultural focus of the corresponding text chapter and is divided into the following six sections: *Estructura, Práctica de estructura, Repaso de estructura, Práctica de vocabulario, Lectura,* and *Entrevista virtual.* The following will give a brief summary of the contents and possible applications of each of these six workbook chapter components.

- *Estructura* The *Estructura* sections contain supplementary material to help students who may need or want more detailed information on the structure points in the text. For example, we review the issue of narrating in the past using the two past tenses in chapter 2 in the text; the *Estructura* section of chapter 2 of the *Manual de actividades* contains complete notes on forming the two past tenses. The *Estructura* section of chapter 5, on the other hand, has supplementary notes in English with Spanish examples on using subjunctive and indicative in adjective and adverbial clauses.

- *Práctica de estructura* The *Práctica de estructura* sections contain additional exercises and activities to help students who may need or want more practice with the grammatical structures reviewed in the chapter. These exercises are arranged in order of increasing difficulty and personalized or contextualized according to the cultural theme the text chapter.

- *Repaso de Estructura* The *Repaso de estructura* sections of each chapter reenter grammatical structures from the previous chapter. They are contextualized by the theme of the current chapter. Students may find these activities particularly helpful in preparing for two-chapter hour exams.

- *Práctica de vocabulario* Additional practice exercises for the text chapter's active vocabulary are offered in a variety of formats, including fill-in-the-blank paragraphs with and without word banks, sentence completion, multiple-choice, and matching. Students are encouraged to use these activities, even when not assigned by the instructor for grading, for self-testing, particularly when studying for quizzes and exams.

- *Lectura* An additional reading passage is offered in each workbook chapter. These readings follow the cultural theme of the text chapter and present another individual through biographical narrative similar to those found in the *A conocer* sections of the text chapters. Each reading is followed by three sets of questions: 1) *Comprensión,* comprehension check short answer questions; 2) *¿Se puede intuir?,* which asks students to distinguish between what is explicitly stated in the text and what can be inferred; and finally, 3) *Extensión,* which encourages students to go beyond the text and make imaginative conjecture based on what they have learned about the individual subject of the reading.

- *Entrevista virtual* In the event that students are unable to conduct a live interview with a Latino as suggested in the last activity of each chapter of the student text, we are providing *Entrevistas virtuales* as an alternative. The 8-11 minute video interviews in which Latinos talk about themselves, their lives and their jobs, are found on the Student Video CD-ROM. Guidance in understanding and processing each segment is included in a section called *Entrevista virtual* in the *Workbook.* The guides are divided into two parts: comprehension, and writing. The comprehension section, *Comprensión auditiva,* includes viewing suggestions and comprehension check questions that range from the general to the more specific. The writing section, *Redacción,* provides a structured, process writing activity. Both the *Entrevistas virtuales* and the *Workbook's* guide to their use are graded from less to more difficult throughout the course of the six chapters.

    Thanks to the following people for preparing the *Entrevista virtual*: Videography, Bill Maisch & Luis Goncalves, UNC, Chapel Hill; Julia Cardona Mack, *Entrevistas con Profesionales de la Salud,* UNC, Chapel Hill; Editing, Andy Brawn, UNC, Chapel Hill.

Getting the most out of the *Workbook*

The *Workbook* can help create an overall program that is tailored to the special needs of individual students as well as particular programs or classes when additional focus is needed on one of the four basic skills. The following suggestions, arranged by skill, will help students and instructors to use the *Workbook* in ways that will best accommodate their individual needs.

- Speaking – If more speaking practice is needed, instructors might consider using both the *Lectura* and *Entrevista virtual* sections of the Manual de actividades to generate in-class group discussion. The *Lectura* section's *¿Se puede intuir?* and *Extensión* questions can be assigned to be done by individual students for the day discussion is planned; in class, students can discuss their answers in pairs or small groups.

    Instructors might also consider having students role play interviews in pairs in class, with one student assuming the role of the featured individual of the workbook *Lectura* or *Entrevista virtual.*

- Listening – The *Entrevistas virtuales* on the Student Video CD-ROM and VHS video tape can be shown in class if they are not being used as an alternative to the live interview assigned at the end of each text chapter. When shown in class, the questions under *Comprensión* in the *Entrevistas* section of the workbook can be done by students individually as an auditory comprehension pre-test or in groups. Since the *Entrevistas virtuales* are about 8-10 minutes long, it is suggested that they be broken into two to three shorter (aproximately 3 minute) sections for whole class viewing and discussion.

- Writing – The *Redacción* guide in the *Entrevista virtual* section of each workbook chapter can be used as an in-class pre-writing, group brainstorming activity. The *Lecturas* in the workbook can also be used to practice summary writing, either assigned to be handed in as graded homework or as an in-class writing activity.

   Students who want more practice in writing are encouraged to apply the text chapter's writing strategies to produce written narrative from both the *Lectura* and *Entrevista virtual*.

- Reading – Students in need of additional reading practice are encouraged to apply the reading strategies found in the text chapter to the supplementary readings in each chapter of the *Workbook*.

Capítulo 1

Los académicos

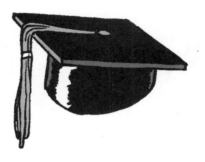

Estructura

Pronouns

Many Spanish pronouns have the same or similar forms, but serve various grammatical functions. For example, the word *me* may be used as either a direct object pronoun, indirect object pronoun, or as a reflexive pronoun. Because these similarities can be confusing for non-native speakers, we will review several types of Spanish pronouns in this chapter.

SUBJECT PRONOUNS

yo	I	nosotros/as*	we
tú	you - informal	vosotros/as*	you - informal
él	he	ellos	they - masc.
ella	she	ellas	they - fem.
usted/Ud.	you - formal	ustedes/Uds.	you - formal

*Note that the subject pronouns *nosotros* and *vosotros* cannot be abbreviated.

Subject prounouns

Subject pronouns agree with the conjugated verb and say or emphasize "who is, or is doing" the action.

Because of distinctive Spanish verb forms, subject pronouns are generally not as frequently used in Spanish as in English (e.g. since *bebes* can only mean "you drink," it's not essential for clarity to say *tú bebes*). Subject pronouns are more common in the third person where they are needed for clarity: *él habla* to mean "*he* speaks" as opposed to she or you (*Ud.*).

Subject pronouns are frequently used for emphasis and contrast, sometimes even without a related verb form.

> *Mi novia bebe la cerveza mexicana, yo no.*
> My girlfriend drinks Mexican beer, I don't.

> *Yo estudio mucho, pero él no estudia nunca.*
> I study a lot, but he never studies.

The subject pronoun is also required after *según, como, entre,* and *menos.*

> *Todos presentaron el examen menos yo.*
> Everyone took the test except me.

Direct object pronouns

me	me	nos	us
te	you - informal	vos	you - informal
lo	him, it (masc.), you – formal (masc.)	los	them - masc., you – formal (masc.)
la	her, it (fem.), you – formal (fem.)	las	them - fem., you – formal (fem.)
le	you – formal (masc. and fem.)	les	you – formal (masc. and fem.)

Direct object pronouns answer the question "whom or what?" with the verb.

> *El libro — lo tengo* = The book — I have it.
> What do I have? It (the book).

> *Te conozco bien.*
> Whom do I know? You.

When used with gerund or infinitive forms of a verb there are two options possible for the placement of the direct object pronoun. It may precede the conjugated verb or be attached to the infinitive or present participle.

> *Emilia está preparándolo*.*   *Rafael va a prepararlo.*
>   OR   OR
> *Emilia lo está preparando.*   *Rafael lo va a preparar.*

Object pronouns are attached to direct commands when they are affirmative.

> *Míralo (tú).*   *Mírelo (Ud.).*
>   BUT   BUT
> *No lo mires.*   *No lo mire.*

Note: This rule of placement with gerund and infinitive forms also applies to indirect object pronouns and reflexive pronouns.

Paco va a mandarle una carta.   *Ellos están ofreciéndonoslo*.*

OR

Paco le va a mandar una carta.   *Ellos nos lo están ofreciendo.*

AND

Paco, mándale una carta.*   *Paco, no se lo mandes.*

* When attaching object pronouns causes a change in the normal stress of the verb, an accent mark is added to maintain original stress.

Indirect object pronouns

me	(to) me		nos	(to) us
te	(to) you - informal		vos	(to) you - informal
le	(to) him, (to) her, (to) it, (to) you - formal		les	(to) them, (to) you - formal

The indirect object indicates the recipient of the action or condition expressed by the verb, often the person who benefits or suffers the consequences. In other words, it refers to the person to whom or for whom something is done.

Te escribieron una carta.   They wrote a letter to you.

Mis padres me pagaron la matrícula.   My parents paid the tuition for me.

An indirect object pronoun must be used in every Spanish clause with an indirect object; it cannot be omitted even if the indirect object is also expressed by a noun.

Le dieron el premio a Juan.   They gave the prize to Juan. (Literally: To him they gave the prize to Juan)

The verb *gustar* with an indirect object is the construction most commonly used to express "like" in Spanish. Only the third person forms of *gustar* (*gusta* & *gustan*) are generally used: *gusta* for actions and singular nouns, and *gustan* for plural nouns. The "person who likes" appears in the Spanish sentence as the indirect object of the verb.

¿Te gusta la comida mexicana?
Les gusta hablar con sus amigos.
No me gustan esos programas.

When indirect object pronouns are used, it is common in Spanish to add an extra *a* + prepositional pronoun.

A mí me gusta el tenis pero a ella le gusta el voleibol.

Prepositional pronouns

mí	me		nosotros	us
ti	you - informal		vosotros	you - informal
él	him		ustedes	you - formal
ella	her			
usted	you - formal			

*Other prepositions commonly used with theses pronouns include: *para, por, de, en, sin,* and *con***.

Compré los dulces para ti.
Natalia siempre habla de él.

Double object pronouns

Remember if you have both a direct and indirect object pronoun, the indirect comes first.*
When this occurs the pronouns are referred to as double object pronouns.

> *Me lo dieron.* = They gave it to me.

> (from left to right "to me" "It" "they gave" — exactly the reverse of the English syntax.)

*When the indirect object pronouns *le* or *les* are followed by the direct object pronouns *lo, los, la, las,* then *se* replaces
the indirect object pronoun.

Su papá le trajo regalos.	His father brought him gifts.
Su papá se los trajo.	His father brought them to him.

Reflexive pronouns

me	myself		nos	ourselves
te	yourself - informal		vos	yourselves - informal
se	himself, herself, yourself - formal		se	themselves, yourselves - formal

Reflexive pronouns are frequently used to express an action which the subject does to
him/herself. In English, the reflexive form is expressed by myself, herself, themselves, etc.
Although these pronouns are often omitted in English they are always used in Spanish when
expressing the reflexive form.

> *Me baño por la mañana.*   I bathe (<u>myself</u>) in the morning.

The "reciprocal" reflexive form refers to a situation in which people are doing something to
each other.

> *Las hermanas **se hablan** todos los días.*   The sisters talk <u>to each other</u> every day.

The reflexive pronoun *se* is also used before an indirect object pronoun to indicate that an
action is unexpected or accidental. This construction is used with verbs that are not usually
reflexive in order to express that the action is outside of the individual's control.

> **se** + indirect object pronoun + verb (3rd person singular or plural)

> ***Se me** cayó el plato.*   I dropped the plate.
> (Literally: The plate fell down on me.)

> ***Se le** perdió su cartera.*   He lost his wallet.
> (Literally: The wallet got lost on him.)

Práctica de estructura

1-1 Mis amigos

Lea el siguiente párrafo y escriba los pronombres de sujeto apropiados en los espacios.

MODELO: María es muy alta. Ella es muy simpática también.

(1) _____ soy una persona más o menos tradicional. Por eso, es interesante que mis nuevos amigos se vistan de una forma muy única. Daniel, por ejemplo, siempre lleva pantalones anaranjados y una camisa rosa. (2) _____ tiene mucha ropa, pero todas sus cosas son de estos dos colores. El caso de mi amiga, Toni, es muy interesante también. (3) _____ es de Chicago y tiene el pelo verde. (4) _____ siempre vamos juntas al salón de belleza. Una vez, (5) _____ me convenció a pintarme las uñas de color azul. Claro que tengo otros amigos, pero estos me fascinan más. ¿Qué piensan (6) _____ de mis amigos?

1-2 Unos amigos latinos

Rellene los espacios con el pronombre de sujeto si es necesario para clarificación o énfasis. Deje en blanco los espacios donde no es necesario.

MODELO: Rosa: "Yo soy de Perú; él es de Colombia".

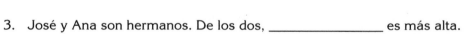

1. _____ estamos muy contentos de estar en esta ciudad.

2. _____ enseño en la universidad. ¿Qué haces _____?

3. José y Ana son hermanos. De los dos, _____ es más alta.

4. _____ siempre llego tarde a mi clase de historia.

5. Alejandro y Letty son mexicanos _____ nació en el Estado México.

6. Manuel y yo nos llevamos muy bien. _____ somos muy buenos amigos.

1-3 Las vacaciones de Diana y Blanca

Diana y Blanca están hablando de sus planes para las vacaciones. Rellene los espacios en blanco con el pronombre de complemento directo adecuado.

MODELO: Diana: No puedo llamar al agente de viajes ahora.
          Blanca: No te preocupes. Puedes llamarlo mañana.

1. Blanca: —¿Pagaste el pasaje?

   Diana: —Sí, _____ pagué con cheque.

2. Diana: —¿Leíste los folletos sobre Guadalajara?

   Blanca: —Sí, _____ leí hace una semana.

3. Diana: —¿Quieres poner la cámara en la maleta grande o en el equipaje de mano?

   Blanca: —Prefiero llevar _____ en el equipaje de mano.

4. Blanca: —¿Tu primo me va a recoger en el aeropuerto también?

   Diana: —Sí, va a recoger _____.

5. Blanca: —¿Vamos a visitar a Jesús y a Catalina?

   Diana: —Sí, _____ vamos a ver.

6. Diana: —Lo siento pero no puedo ayudarte más hoy.

   Blanca: —¿Puedes ayudar _____ el jueves?

1-4   Sus planes para un viaje a Europa

Usted y su familia piensan viajar a Europa. A Ud. le toca
organizar el viaje contestando las preguntas de su mamá.

MODELO: ¿Quién va a comprar los refrescos?
           Ana los va a comprar. AND Ana va a comprarlos.

1. ¿Quién va a cuidar de los perros mientras que estamos de vacaciones?
   Nosotros _____.

2. ¿Quién llamó para confirmar las reservaciones?
   Juanita y yo _____.

3. ¿Quién va a recoger los boletos de avión?
   Ustedes _____.

4. ¿Alguien quiere llevar su radio en el avión?
   Sí, yo _____.

5. ¿Quiénes están haciendo sus maletas todavía?
   María y Lupe _____.

6. ¿Quién tiene las llaves del coche?
   Mélida _____.

7. ¿Quién va a cargar las maletas?
   Jorge _____.

8. ¿Quién apagó la plancha?
   Tú _____.

1-5   Un viaje a Costa Rica

Usted piensa viajar a Costa Rica y tiene miedo de que no pueda comunicarse con el agente de boletos cuando tenga que planear el vuelo de vuelta. Aprovechándose de las siguientes pistas, escriba las preguntas que le pueda hacer el agente. Siga el modelo. Use presente o pretérito según sea necesario.

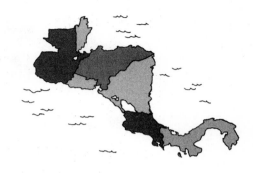

MODELO: tener / pasaporte
¿Tiene Ud. su pasaporte?
Sí, lo tengo.

1. traer / animales o plantas

   _____

2. tener / asiento asignado

   _____

3. querer / sección de no fumar

   _____

4. llevar / equipaje de mano

   _____

5. tener / tarjeta de embarque

   _____

6. confirmar / vuelo

   _____

7. hacer / maletas

   _____

8. disfrutar de / vacaciones

   _____

1-6　Regalos para mi familia

Usted está viajando a México y su amigo le está preguntando qué regalos les vas a dar a las siguientes personas. Siga el modelo.

MODELO:　¿Qué vas a comprarle a tu hermana?
Pienso comprarle una playera. (OR No voy a comprarle nada porque... OR No sé qué voy a comprarle.

1. ¿Qué piensas regalarle a tu mamá?

   _____

2. ¿Qué le vas a comprar a tu mejor amigo?

   _____

3. ¿Qué te vas a comprar para ti?

   _____

4. ¿Qué les vas a regalar a tus hermanos?

   _____

5. ¿Qué piensas darles a Miguel y a Laura?

   _____

6. ¿Qué me vas a traer a mí?

   _____

1-7   ¿Qué nos gusta?

Complete las siguientes oraciones con la forma apropiada del verbo y el pronombre de objeto directo.

MODELO: A nosotros nos gusta el voleibol.

aburrir	faltar	molestar
caer bien/mal	fascinar	parecer
encantar	interesar	quedar

1. A Diego _____ _____ (to fascinate) el uniforme de los Vaqueros de Dallas.

2. ¿A ti no _____ _____ (to bother) practicar todos los días?

3. A su equipo de fútbol solo _____ _____ (to have left) un partido más en la temporada.

4. Los árbitros _____ _____ _____ (to dislike – person) a los aficionados.

5. A Teto y a Fernando _____ _____ (to love) ver los partidos de fútbol los fines de semana.

6. No podemos jugar al tenis porque _____ _____ (to lack, miss) una raqueta.

7. A los niños chiquitos no _____ _____ (to interest) las reglas del juego.

1-8   Una encuesta

Prepare una lista de ocho preguntas para entrevistar a unos vecinos latinos sobre sus gustos y preferencias con respeto a ciertos aspectos de la cultura estadounidense. Siga el modelo.

MODELO: ¿Qué le gusta más, el fútbol americano o el béisbol?

1. _____

2. _____

3. _____

4. _____

5. _____

6. _____

7. _____

8. _____

1-9   Una profesora algo rara

Un amigo suyo le está contando las acciones algo raras de su nueva profesora de español. Siga el modelo.

MODELO: La maestra le tiró un borrador a Paco.
¿Cómo? ¿Se lo tiró? OR
¿Por qué se lo tiró?

1. La profesora loca nos estaba gritando las instrucciones a María y a mí.

_____

2. Ella le hizo preguntas en alemán a Isabela.

_____

3. Al final de la clase, los estudiantes le tiraron pedazos de papel a la maestra.

_____

4. Esta instructora les pidió la tarea a los estudiantes antes de asignarla.

_____

5. Le pedí a la maestra una hoja de papel y ella me dio una pizarra chiquita.

_____

6. No aprendemos mucho porque siempre nos enseña la misma lección.

_____

1-10   ¿Quién se lo hizo a quién?

Conteste las siguientes preguntas empleando pronombres de objetos directos e indirectos. Siga el modelo.

MODELO: ¿Su papá le pagó la enseñanza a Alejandro?
            Sí, se la pagó.

1. ¿Tú le conseguiste los boletos a tu novio?

    _____

2. ¿Roberto le regaló el anillo a su esposa?

    _____

3. ¿Nos trajiste todas las copias?

    _____

4. ¿La profesora les repitió las preguntas a los estudiantes?

    _____

5. ¿Ella le dejó a Juan todas las instrucciones para el examen?

    _____

6. ¿Sus padres le compraron un coche nuevo a Mariana?

    _____

7. ¿La cafetería les sirve el desayuno a los niños todos los días?

    _____

8. ¿Adriana le pagó la tarjeta de crédito a su hermana menor?

    _____

1-11   Habla el padre de Luis Fernando

En el siguiente texto autobiográfico escrito desde el punto de vista de Álvaro, el padre de Luis Fernando, rellene los espacios con el pronombre reflexivo adecuado.

Mi esposa, Beatriz, y yo (1) _____ casamos jóvenes y (2) _____ mudamos a Washington cuando yo (3) _____ fui a estudiar en la Universidad Católica. Allí nacieron nuestros hijos, Jorge Alberto y Luis Fernando. Al poco tiempo (4) _____ mudamos a Medellín donde nacieron nuestros otros hijos. Cuando Jorge Alberto (5) _____ graduó de la secundaria, Luis Fernando y él (6) _____ fueron a estudiar en los Estados Unidos.

Al regresar a Medellín, Luis Fernando quería (7) especializar _____ en filosofía, pero nosotros lo animamos a que (8) _____ metiera a derecho porque así le sería más fácil (9) ganar _____ la vida. Luego Luis Fernando estudió periodismo en los Estados Unidos, donde (10) _____ dio cuenta de que necesitaba aprender más de la cultura e historia latinoamericanas; por eso, se metió al programa de literatura latinoamericana de la Universidad de Maryland.

1-12 ¡Qué día horrible!

Ud. y su familia han experimentado un día fatal. Rellene los espacios con una forma adecuada del verbo y los pronombres de objeto correspondientes.

MODELO: Cuando yo entraba en el elevador, <u>se me cerró</u> (cerrar) la puerta.

1. Mi marido y yo fuimos al supermercado pero _____ _____ _____ (olvidar) traer la tarjeta de crédito.

2. Cuando mi esposo puso las cosas en el coche _____ _____ _____ (caer) las manzanas.

3/4. Cuando regresábamos del supermercado _____ _____ _____ (acabar) la gasolina y _____ _____ _____ (parar) el coche.

5. Cerré la puerta de la casa y _____ _____ _____ (romper) el dedo.

6. Cuando estaba en la sala de emergencia _____ _____ _____ (perder) el anillo de boda.

Nombre: _____   Fecha: _____

Repaso de estructura

1-13   Las entrevistas

Durante las entrevistas, Alejandro, Rosa, María y Luis Fernando dijeron lo siguiente. Escriba las preguntas que les habrían hecho para obtener esta información. Fíjese en las palabras claves (las subrayadas) para determinar la mejor palabra interrogativa.

Alejandro:

1. Originalmente soy <u>de México</u>.

   _____

2. Durante mis años escolares tuve algunos problemas académicos quizás <u>por la presión de tratar de seguir los pasos de mis hermanos mayores</u>.

   _____

3. Fui estudiante de intercambio en universidades de Arkansas y Oklahoma <u>por un año</u>.

   _____

4. Cuando estaba en el tercer año de la carrera de UDLA, tomaba <u>clases de inglés</u>.

   _____

5. En mi último semestre de la licenciatura conocí <u>a Heather</u>.

   _____

Rosa:

6. He hecho toda mi carrera profesional <u>en Lima</u>.

   _____

7. Me gusta enseñar en la universidad pues <u>los jóvenes me animan</u>.

   _____

8. A mi familia y a mí nos agrada mucho <u>salir a pasear, visitar diferentes lugares y hacer pequeños viajes súbitos</u>.

   _____

9. En casa somos <u>ocho</u>.

   _____

10. Lo más importante para nosotros es <u>fomentar la unión familiar, el respeto al prójimo y la solidaridad en un ambiente de amistad, confianza y entusiasmo</u>.

   _____

María:

11. Mi nombre es <u>María Alejandra Doyle</u>.

_____

12. El proceso de adaptarme nuevamente a la cultura norteamericana <u>no fue todo fácil</u>.

_____

13. Me considero una persona <u>tímida pero accesible</u>.

_____

14. Mi especialidad es <u>la informática</u>.

_____

15. Las casas de Phoenix <u>tienen tejas rojas y tienen mucha influencia española</u>.

_____

Luis Fernando:

16. Regresamos a Medellín, Colombia, donde nacieron <u>Adriana, Juan Carlos y Claudia</u>.

_____

17. Mis padres me convencieron que <u>no había much futuro en la filosofía</u> y me animaron a que estudiara otra cosa.

_____

18. <u>Un tío jesuita</u> me defendía y me animaba.

_____

19. En las fiestas de los compañeros latinoamericanos <u>aprendí a bailar la salsa</u>.

_____

20. Pienso que soy y seguiré siendo <u>colombiano</u>.

_____

Práctica de vocabulario

1-14   **La vida escolar de mis nuevos amigos latinos**

Escoja la palabra que mejor complete las siguientes descripciones de las personas que Ud. conoció en el capítulo 1.

1. María pasa mucho tiempo en el/la _____ estudiando y buscando libros.

    a. librería

    b. centro estudiantil

    c. biblioteca

    d. salón

2. Rosa está muy ocupada. Tiene que _____ muchos exámenes para mañana.

    a. escribir

    b. calificar

    c. inscribir

    d. aprobar

3. Luis Fernando da tres _____ cada semestre.

    a. apuntes

    b. libros

    c. notas

    d. clases

4. El/la _____ de Alejandro es la ingeniería.

    a. especialidad

    b. beca

    c. curso opcional

    d. calificación

1-15 Los campos de estudio y las carreras

Rellene el espacio con la carrera que más se asocia con la palabra de la lista.

la administración de empresas	el derecho	la computación
las bellas artes	la pedagogía	las matemáticas
las ciencias políticas	la enfermería	la psicología
las ciencias	la filosofía	la veterinaria

1. los animales _____

2. los números _____

3. la mente _____

4. la corte _____

5. los estudiantes _____

6. las teorías _____

1-16 La vida universitaria

Escriba la letra del sinónimo que corresponde a las siguientes palabras.

1. _____ notas   a. especialización

2. _____ salario   b. estudiante

3. _____ apuntes   c. computación

4. _____ curso   d. calificaciones

5. _____ carrera   e. clase

6. _____ platicar   f. notas

7. _____ informática   g. charlar

8. _____ alumno   h. sueldo

1-17 ¿Cómo se habla de la vida escolar?

Explique el significado de los siguientes términos o frases usando sus propias palabras.

1. tomar apuntes _____

2. el cajero automático _____

3. el/la compañero/a de cuarto _____

4. inscribirse _____

5. los cursos obligatorios _____

Lectura

Diana Gill

Me llamo Diana López Gill. Vengo de Colombia donde estudié la comunicación social y fui periodista de televisión por muchos años. Un día una universidad me ofreció la posibilidad de enseñar lo que sabía y entonces acepté compartir mis conocimientos sobre periodismo. Llegué a los Estados Unidos hace dos años para reunirme con el hombre que un día encontré por Internet. Ahora vivo feliz con mi esposo en Bella Vista, Arkansas, y en la universidad enseño español, no sólo a estudiantes norteamericanos, sino a alumnos de Europa, Asia y África. He tenido estudiantes de Alemania, Rumanía, Vietnam, China y el Congo. También he tenido alumnos de muchas edades, algunos mayores que yo.

Cuando llegué por primera vez al salón de clases pensé que mi meta era sólo enseñar español. Recuerdo que el primer día me presenté a mis alumnos y les dije que venía de Colombia. Uno de ellos preguntó: "¿Vienes del estado de Colombia?." Inmediatamente otro le dijo: "No, ella viene de Colombia, un estado que queda en México, ¿verdad señora Gill?."

Entonces entendí que mi objetivo debería ser no sólo que mis estudiantes aprendieran a comunicarse en español, también debía compartir con ellos algo de la cultura hispanoamericana que vive aquí. Para mí era importante que ellos entendieran que México no es el único país en Latinoamérica, que no todos los latinoamericanos comemos tacos y burritos y que no todos escuchamos mariachis. Empecé a llevar a la clase fotografías, videos, música y comida de distintos países. Ahora ellos conocen los nombres de algunas frutas tropicales que no existen aquí y disfrutan mucho cuando estudian el vocabulario con ritmos como el merengue, la salsa y la cumbia.

Un día un alumno trajo a la clase un artículo de una revista norteamericana famosa en el que se decía que no era importante aprender el idioma español porque sólo lo hablaban el jardinero o el que te cortaba el césped. No dije nada esperando a que alguien en la clase dijera algo. Otro estudiante, con un sentido muy práctico, respondió: "¿Y qué haces si un conductor que sólo habla español te choca el carro"? Ese día discutimos mucho sobre la importancia de hablar español en los Estados Unidos. Uno de mis alumnos que estudia medicina dijo que el español le interesaba porque no quería que se le muriera ningún paciente latino por no saberse comunicar con él.

Al comienzo sentía mucho miedo pues creía que los estudiantes norteamericanos eran muy distintos a los de mi país, pero ese miedo se me acabó cuando descubrí que uno de ellos había recorrido la mitad de Colombia en una motocicleta y que otra había conocido a su esposo uruguayo por Internet. Me di cuenta que tengo con ellos cosas en común. Yo les enseño mi idioma y ellos me corrigen cuando hablo en inglés. Pero lo mejor de todo es que ahora ellos no sólo saben decir "hola." Han empezado a entender que existe un idioma común en el que todos nos podemos comunicar, ese idioma no es el inglés ni el español sino el lenguaje del respeto.

1-18   **Comprensión**

1. ¿Qué enseñó Diana en Colombia?

   _____

2. ¿Por qué vino a los Estados Unidos?

   _____

3. Además de enseñar la lengua, ¿qué enseña Diana?

   _____

4. ¿Por qué tenía dudas acerca de enseñar a los estudiantes norteamericanos?

_____

5. ¿Cuál es el idioma común a que Diana se refiere?

_____

1-19 ¿Se puede intuir?

Lea cuidadosamente cada afirmación e indique si es cierta (C), falsa (F), o sugerida (S).

1. _____ A Diana le interesan las noticias del día.

2. _____ Diana trabajó como profesora de literatura en Colombia.

3. _____ La universidad en que enseña ahora tiene mucha diversidad.

4. _____ Los estudiantes norteamericanos no saben mucho de la geografía.

5. _____ Diana hace algunos errores cuando habla inglés.

1-20 Extensión

Piense en los siguientes títulos para la selección de arriba y escoja uno. ¿Por qué lo escogió? Justifique su respuesta por hacer referencia al texto.

1. Una colombiana y sus experiencias en una universidad estadounidense

2. Unos estudiantes norteamericanos y su profesora colombiana

3. Los conflictos culturales en el salón de clase

4. El Internet cambió mi vida

5. Todos unidos por el idioma de respeto

_____

_____

_____

_____

_____

_____

_____

_____

_____

Entrevista virtual

Julia Cardona Mack

Julia Mack es una profesora del idioma español en la universidad. Le gusta mucho enseñar. Después de hablar brevemente de su niñez, nos va a hablar sobre su "filosofía" de la enseñanza y el trabajo que hace hoy en día con sus alumnos.

Comprensión

1-21   Primera proyección

Vea por primera vez el video sin escribir apuntes. Mire bien la cara de Julia y fíjese en sus gestos, sobre todo cuando está trabajando con los alumnos en clase.

¿Cómo es la profesora Mack? ¿Parece contenta, (relajada, nerviosa, orgullosa, etc.)?

Al primer vistazo, Julia parece _____

_____.

1-22   Segunda proyección

Antes de ver el video por segunda vez, eche un vistazo a las siguientes preguntas de selección múltiple. Después de verlo por segunda vez contéstelas, escogiendo la mejor respuesta.

1. Julia dice que nació en...
   a. los Estados Unidos
   b. un salón de clase
   c. Alemania

2. Cuando era niña, Julia vivió dos años en...
   a. Alemania
   b. los Estados Unidos
   c. Inglaterra

3. Julia dice que el volver a aprender el español le fue...
   a. innecesario
   b. fácil
   c. difícil

4. El papá de Julia era...
   a. médico
   b. diplomático
   c. profesor

5. La mamá de Julia era estudiante graduada de...
   a. historia
   b. ciencias sociales
   c. lingüística

6. Julia...
   a. era hija única
   b. tenía una hermana
   c. tenía un hermano

7. Cuando era niña Julia hablaba...
   a. tres lenguas
   b. dos lenguas
   c. una lengua

8. Para hacer sus estudios graduados Julia se fue a...
   a. Nueva York
   b. Texas
   c. California

9. El primer año que trabajó de profesora, Julia enseñó...
   a. una lengua
   b. dos lenguas
   c. tres lenguas

10. Julia dice que su papá era su...
    a. profesor
    b. mentor
    c. amigo

11. A Julia le gusta que los alumnos trabajen en grupos porque así están más...
    a. cohibidos
    b. exigentes
    c. relajados

12. A Julia le parece importante que los profesores...
    a. se rían
    b. sean exigentes
    c. corrijan errores

13. Los alumnos se sienten menos cohibidos cuando les está escuchando...
    a. toda la clase
    b. el profesor
    c. su compañero

14. La página web es para una clase de...
    a. español 2
    b. español 3
    c. español 4

15. Juan Luis Guerra es...
    a. cantante
    b. profesor
    c. político

1-23   ¿Se acuerda de los detalles?

Conteste las preguntas y rellene los espacios de acuerdo con la información en el video.

1. ¿Cómo se llama la parte de San Juan donde nació Julia? _____.

2. El papá de Julia era profesor de _____.

3. Julia estudió _____ (materia) en la Universidad de

   _____.

4. Después de graduarse, Julia enseñó _____ (materia) en

   _____ (lugar).

5. A Julia le parece importante que sus alumnos _____

   _____.

6. Los alumnos de Julia utilizan la página web para _____

   _____.

1-24   Redacción

Vuelva a ver el video y saque apuntes sobre los siguientes temas.

1. Su nacimiento y niñez
   a. lugares:
   b. personas:

2. Su trabajo
   a. metas:
   b. técnicas:

Si le parece necesario, vuelva a ver el video. Finalmente, escriba una pequeña biografía de dos párrafos sobre Julia Mack.

   La niñez y la juventud
   El trabajo de Julia Mack hoy en día

_____

_____

_____

_____

_____

_____

_____

Capítulo 2

Los de la tercera edad

Estructura

Preterit

Preterit is the past tense in Spanish that is used to record something that happened. For example:

Hablé con mi mamá ayer. I spoke with my mom yesterday.

Regular *–ar* preterits

yo	habl**é**		nosotros/as	habl**amos**
tú	habl**aste**		vosotros/as	habl**asteis**
él, ella, Ud.	habl**ó**		ellos, Uds.	habl**aron**

Regular *–er* and *–ir* preterits

yo	comí		nosotros/as	com**imos**
tú	com**iste**		vosotros/as	com**isteis**
él, ella, Ud.	com**ió**		ellos, Uds.	com**ieron**

Stem-changing verbs in the preterit

All *-ir* verbs that stem-change in any way in the present tense will change their stem vowel in the third person of the preterit, either the *o* to a *u* or the *e* to an *i*.

MENTIR		**DORMIR**	
mentí	mentimos	dormí	dormimos
mentiste	mentisteis	dormiste	dormisteis
m**i**ntió	m**i**ntieron	d**u**rmió	d**u**rmieron

Note that only *-ir* infinitive verbs stem-change in the preterit.

Irregular preterits

Verbs with irregular preterits in Spanish include *ir, ser* and *dar*.

IR	**SER**	**DAR**
fui	fui	di
fuiste	fuiste	diste
fue	fue	dio
fuimos	fuimos	dimos
fuisteis	fuisteis	disteis
fueron	fueron	dieron

More irregular preterits

There is a large group of irregular preterits that share a common set of endings. For each, you need to learn an irregular stem that they use in all six persons of the preterit.

-e

-iste

-o

-imos

-isteis

-ieron (-eron after "j")*

TENER	
tuve	tuvimos
tuviste	tuvisteis
tuvo	tuvieron

Here are the preterit stems used in all six persons for other irregular verbs that use the same preterit endings as *tener*.

poder - pud- (pude, pudiste, pudo, pudimos, pudisteis, pudieron)

poner - pus-

tener - tuv-

estar - estuv-

andar - anduv-

caber - cup-

querer - quis-

hacer - hic- (hice, hiciste, hizo, hicimos, hicisteis, hicieron)

venir - vin-

*decir - dij- (dije, dijiste, dijo, dijimos, dijisteis, *dijeron)

*traer - traj-

* conducir - conduj-

Preterit spelling-change verbs

There are several *-ar* verbs ending in *-car*, *-gar*, and *-zar* that require spelling changes in their first person preterit forms to maintain the softer or harder value of the final consonant in the infinitive stem.

BUSCAR (C→QU)	LLEGAR (G→GU)	COMENZAR (Z→C)
busqué	llegué	comencé
buscaste	llegaste	comenzaste
buscó	llegó	comenzó
buscamos	llegamos	comenzamos
buscasteis	llegasteis	comenzasteis
buscaron	llegaron	comenzaron

Vowel + *er* and vowel + *ir* infinitives use a *y* rather than an *i* for the first letter of their third person endings in the preterit.

CONSTRUIR	LEER
construí	leí
construiste	leíste
construyó	leyó
construimos	leímos
construisteis	leísteis
construyeron	leyeron

Imperfect

Imperfect is the past tense that is used when you are not recording something that happened but describing. For example: Imperfect is used when you are: 1) describing emotive states, describing background, weather, time; and, 2) relating an ongoing or a habitual action (something that was happening or used to happen).

Regular –ar imperfects

yo	habl**aba**		nosotros/as	habl**ábamos**
tú	habl**abas**		vosotros/as	habl**abais**
él, ella, Ud.	habl**aba**		ellos, Uds.	habl**aban**

Regular –er and –ir imperfects

yo	com**ía**		nosotros/as	com**íamos**
tú	com**ías**		vosotros/as	com**íais**
él, ella, Ud.	com**ía**		ellos, Uds.	com**ían**

Irregular imperfects

There are only three verbs that are irregular in the imperfect: *ser, ir* and *ver*.

SER	IR	VER
era	iba	veía
eras	ibas	veías
era	iba	veía
éramos	íbamos	veíamos
erais	ibais	veíais
eran	iban	veían

Práctica de estructura

2-1 Habla Rosa

Cambie el infinitivo a la forma apropiada del imperfecto.

Cuando (1) _____ (ser) niña, (2) _____ (vivir) en la República Dominicana

con mis ocho hermanos. Nuestra casa (3) _____ (ser) grande y (4) _____

(haber) árboles frutales y muchas flores en el patio. Mis hermanos y yo (5) _____

(pasar) los días en este bello patio cuando no (6) _____ (estar) en la escuela. Mi

hermana y yo (7) _____ (compartir) un dormitorio pequeño. De niña, yo

(8) _____ (jugar) con mis hermanos y me (9) _____ (gustar) leer libros

románticos. (10) _____ (esconder) mi colección de libros debajo de la cama. Así mi

mamá no los (11) _____ (ver) cuando (12) _____ (entrar) en el dormitorio

para hablarnos.

Mi abuela (13) _____ (vivir) en una finca cerca de nosotros. Mis hermanos y yo la

(14) _____ (visitir) todos los domingos. Ella siempre (15) _____ (vestirse)

muy de moda porque siempre (16) _____ (ir) a París para hacer compras. Ella

(17) _____ (tener) mucho orgullo en su apariencia. Cuando mi hermana y yo

(18) _____ (ser) niñas, (19) _____ (querer) ser tan elegantes como ella.

2-2 ¿Quién lo dijo?

Identifique a la persona que habla y conteste la pregunta en una oración completa.

MODELO: "Me retiré, pero todavía trabajo un día de la semana."
           José Miguel de Varona se retiró, pero todavía trabaja un día de la semana.

1. "Renuncié mi puesto con el gobierno y salí del país."

   _____

2. "Estuve en Inglaterra durante la Segunda Guerra Mundial."

   _____

3. "Cuando era niña, tomé clases de ballet."

   _____

4. "Fui una maestra bilingüe en Boston."

   _____

5. "Estudié en la escuela de medicina de la Universidad de la Habana."

   _____

6. "En mi vida de estudiante, no me sentí marginada."

   _____

7. "Hice la casa en donde vivo."

   _____

2-3   ¿Qué hicieron mis nuevos amigos latinos?

Escoja un verbo en el banco de palabras que sigue y complete la oración apropiada con el verbo en el pretérito.

hacerse	morirse	tener
irse	poder	volver
leer	saber	

1. José Miguel de Varona _____ de la isla de Cuba.

2. Eileen Phinney no _____ encontrar mantequilla durante la guerra.

3. José Miguel de Varona y su esposa _____ que despedirse de sus hijos.

4. Amalia Gerrish _____ que había mucha discriminación en las escuelas de Boston.

5. La abuela de Rosa Ramos _____ rescatando una gallina.

6. Amalia Gerrish _____ una maestra bilingüe.

7. Rosa Ramos _____ libros prohibidos.

8. José Miguel de Varona nunca _____ a su país natal.

2-4   José Miguel de Varona

Ud. está hablando con un compañero de clase que no se acuerda del texto autobiográfico del Sr. Varona. Rellene los espacios con la forma apropiada del verbo en el pretérito o el imperfecto según sea necesario.

El Sr. Varona (1) _____ (nacer) en una finca

en las afueras de Camagüey, Cuba en 1923. Él

(2) _____ (tener) diecisiete hermanos; él

(3) _____ (ser) el varón menor. La vida en una finca (4) _____

(ser) muy tranquila y la familia (5) _____ (estar) muy unida en esa época.

Todos los días (ellos) (6) _____ (comer) juntos por la tarde e

(7) _____ (ir) a la iglesia todos los domingos. Cuando él (8) _____

(tener) 18 años, se (9) _____ (ir) para la capital para asistir a la universidad

y la famosa escuela de medicina de la Universidad de la Habana; se (10) _____

(graduar) cuatro años más tarde.

En la universidad, el Sr. Varona (11) _____ (conocer) a su esposa, Angelina.

Los dos (12) _____ (estar) muy involucrados en la política del momento y

(13) _____ (apoyar) la revolución, como casi todos los cubanos en esa época,

pero ellos se (14) _____ (desilusionar) casi inmediatamente. Poco después

de enero de 1959 su esposa y él (15) _____ (decidir) que ya no

(16) _____ (poder) vivir en un país donde no (17) _____ (existir)

la libertad política ni personal. Él (18) _____ (renunciar) su puesto con el gobierno

cubano y (19) _____ (empezar) los trámites para salir del país. Desgraciadamente,

el gobierno cubano no le (20) _____ (permitir) salir por muchos años.

2-5   Eileen Phinney

Ud. está hablando con un compañero de clase que no se acuerda del texto autobiográfico de la Sra. Phinney. Rellene los espacios con la forma apropiada del verbo en el pretérito o el imperfecto según sea necesario.

Soy de Montevideo, Uruguay. Yo (1) _____

(crecer) en Uruguay. Cuando (2) _____ (salir)

de la escuela, me (3) _____ (ir) a Europa. Yo (4) _____ (estar)

en Inglaterra durante el fin de la Segunda Guerra Mundial, y después me

(5) _____ (ir) a Francia. Yo (6) _____ (venir) a los Estados

Unidos porque me (7) _____ (casar) con un americano. Nos

(8) _____ (conocer) en Europa. Mi esposo había estado en el ejército y

(9) _____ (ser) prisionero de guerra. Él (10) _____ (tener) un

perro muy lindo y yo soy muy aficionada a los perros.

Desde muy joven (11) _____ (aprender) cosas de la cultura americana. De niña,

(12) _____ (hacer) ballet, (13) _____ (ser) mi pasatiempo

favorito. En Uruguay, (14) _____ (tomar) clases de ballet clásico con una

americana y ella (15) _____ (tener) muchas revistas americanas como *Saturday*

Evening Post y otras más. Me (16) _____ (encantar) leer sobre la vida en

Estados Unidos.

Yo (17) _____ (estar) en el W.A.A.F. (Women's Auxillary Air Force). Yo

(18) _____ (ser) joven e idealista. (19) _____ (pensar) que

(20) _____ (ser) una guerra de los buenos luchando contra los malos. A mí me

hubiera gustado que me pusieran un paracaídas (*parachute*) para participar en todo. Yo

(21) _____ (estar) muy entusiasmada. Ellos (22) _____ (entrenar)

a las mujeres a hacer labores para permitir a los hombres irse al frente. Así que hacíamos

varias cosas. Algunas hacían trabajos que tenían que ver con la electricidad. Otras trabajaban

en periodismo. Yo trabajé un poco en una oficina de correos.

Yo no (23) _____ (experimentar) ningún choque cultural al llegar a los EE.UU.

porque ya había vivido en Inglaterra.

2-6   Algo memorable

Ud. está contando una historia divertida de su niñez en clase. Complete el siguiente párrafo con un mínimo de 5 oraciones con tiempos pretéritos (pretérito e imperfecto).

Recuerdo muy bien algo que me _____ (pasar) cuando _____ (tener) _____ años. . . _____

_____

_____

_____

_____

_____

_____

_____

_____

_____

_____

_____

_____

_____

2-7 Mi familia

Para que su nuevo compañero de cuarto llegue a conocerle mejor, Ud. le está contando unas historias de su familia. (Mínimo de 5 oraciones.)

"Mi padre (madre, abuelo, abuela) recuerda muy bien algo que le pasó cuando era muy joven."

_____

_____

_____

_____

_____

_____

_____

_____

_____

_____

_____

_____

Repaso de estructura

2-8 Las entrevistas

Durante una entrevista, una autora les hizo a Rosa Ramos, José Miguel de Varona, Eileen Phinney y Amelia Carrasquillo Gerrish las siguientes preguntas. Conteste cada pregunta desde el punto de vista del individuo nombrado y utilice pronombres complementos en sus respuestas cuando sea posible.

Rosa Ramos

1. ¿Cuándo empezó Ud. su negocio?

   _____

2. ¿Por qué se quedó en Puerto Rico?

   _____

3. ¿Qué opinó de Nueva York?

   _____

4. Para aprender el inglés, ¿leyó Ud. periódicos y revistas?

   _____

José Miguel de Varona

5. ¿Dónde conoció Ud. a su esposa?

   _____

6. ¿Por qué renunció Ud. su puesto con el gobierno cubano?

   _____

7. ¿Ud. y su esposa mandaron a sus hijos a los Estados Unidos?

   _____

8. ¿Dónde se reunieron Uds. después?

   _____

Eileen Phinney

9. ¿Cómo es que Ud. no experimentó un choque cultural al llegar a los Estados Unidos?

_____

10. ¿Para qué usaba Ud. boletos durante el racionamiento?

_____

11. En aquel entonces, ¿por qué comía Ud. hígado?

_____

12. ¿Su madre le mandaba latas de mantequilla?

_____

Amelia Carrasquillo Gerrish

13. ¿Estudió Ud. pedagogía en Puerto Rico?

_____

14. ¿Por qué tenía Nueva York una mística para Ud.?

_____

15. ¿Experimentó Ud. el racismo en Puerto Rico?

_____

16. ¿Qué le sorprendió mientras enseñaba en Boston?

_____

Nombre: _____ Fecha: _____

Práctica de vocabulario

2-9   Mis nuevos amigos latinos

Escoja la palabra que mejor completa las siguientes descripciones de las personas que Ud. conoció en el capítulo 2.

1. A Amalia le sorprendió la _____ que encontró en las escuelas de Boston.

   a. persecución
   b. compasión
   c. discriminación
   d. adaptación

2. Eileen conoció a su esposo cuando él era soldado durante el/la _____.

   a. guerra
   b. militar
   c. dictadura
   d. patria

3. A José Miguel no le gusta hablar de la _____.

   a. ley
   b. amistad
   c. libertad
   d. política

4. Cuando Rosa era niña la República Dominicana se gobernaba por un/una

   _____.

   a. minoría
   b. mayoría
   c. guerra
   d. dictador

2-10   ¿Cómo se define?

Escriba la letra de la definición que corresponde a los siguientes términos.

1. _____ monolingüe   a. proceso de acostumbrarse a algo nuevo

2. _____ patria   b. miembro de una nación

3. _____ adaptación   c. pastillas e inyecciones que ayudan a aliviar los síntomas de ciertas enfermedades

4. _____ medicamentos   d. país de origen

5. _____ ciudadano/a   e. hablar sólo un idioma

2-11 La mudanza

Subraye la palabra que mejor completa las siguientes oraciones.

1. Muchos de los inmigrantes que vienen a los EE.UU. aprecian la (libertad / amistad) que ofrece.

2. Juan y su familia salieron de su país para (buscar / rechazar) nuevas oportunidades.

3. Mucha gente experimenta un/una (éxito / choque) cultural cuando viajan a otro país.

4. Marcela (logró / extrañó) mucho a su familia cuando viajó a Nueva York el año pasado.

2-12 Asociaciones

Escriba tres palabras que se asocian con cada una de las siguientes palabras. Luego, escriba una oración para cada término que demuestra el significado del término.

MODELO: los medicamentos

pastilla   _inyección_   _farmacia_

Mi primo está muy enfermo y tiene que tomar muchos medicamentos.

1. la ley

_____   _____   _____

_____

2. la amistad

_____   _____   _____

_____

3. capitalista

_____   _____   _____

_____

Lectura

María Ortiz

Yo nací en Puerto Rico y allí viví con mi familia. Éramos cinco hermanos muy unidos y yo era la menor. Recibí una beca para estudiar en Hunter College en Nueva York. Allí pensé estudiar literatura, y luego regresar a Puerto Rico para vivir cerca de mi familia. Nunca me hubiera imaginado que me iba a quedar a vivir el resto de mi vida en los EE.UU.

Cuando estaba en Hunter College me enamoré de Milton, un nuyorqueño. Cuando lo conocí estaba comprometida con otro hombre y me iba a casar dentro de un mes, pero gracias a Dios me di cuenta de mi error. Tres semanas después de conocerlo, Milton y yo nos casamos. Éramos muy jóvenes y atrevidos en casarnos después de solamente tres semanas, pero no hace mucho cumplimos nuestro cincuenta aniversario de boda.

Me recuerdo nuestro primer apartamento en Nueva York. No teníamos mucho dinero y era pequeño, oscuro y bien feo. Estaba en el octavo piso. Me deprimía mucho viviendo allí porque en Puerto Rico me había acostumbrada al sol y el calor y los inviernos en Nueva York eran tan fríos. No me gustaban para nada.

Ahora vivimos en una casa bien grande en Georgia, cerca de nuestros hijos. Si pudiera, construyera un edificio para que toda la familia viviera junta. Mi esposo y yo estamos muy envueltos en la comunidad latina aquí. Ahora que estamos retirados, vamos de vacaciones más a menudo. El año pasado fuimos en un crucero, y a Las Vegas.

2-13   Comprensión

1. ¿Por qué vino María a los Estados Unidos?

    _____

2. ¿Cuál era el error de María?

    _____

3. ¿Cuánto tiempo pasó entre conocer a Milton y casarse con él?

    _____

4. ¿Por qué no le gustaba su primer apartamento?

    _____

5. Ahora que está retirada, ¿cómo pasa sus días?

    _____

2-14   ¿Se puede intuir?

Lea cuidadosamente cada afirmación e indique si es cierta (C), falsa (F) o sugerida (S).

1. _____ A María no le gustaba el primer apartamento.

2. _____ El clima de Nueva York la ponía triste.

3. _____ La casa en Georgia no tiene bastante espacio para toda la familia.

4. _____ María está pasando su tercera edad en su casa en Georgia.

5. _____ María y su esposo creen en la buena fortuna.

2-15 Extensión

María y su esposo acaban de celebrar su aniversario de cincuenta años de casados y hubo una fiesta en su honor. Use su imaginación y sea creativo al contestar las siguientes preguntas.

1. ¿Quiénes asistieron?

_____

2. ¿Dónde tuvo lugar?

_____

3. ¿Cuál fue el tema de las decoraciones?

_____

4. ¿Qué regalos recibieron de sus amigos?

_____

5. ¿Qué le dio María a su esposo?

_____

Entrevista virtual

Isabel de Varona

Isabel de Varona es una abuela cubanoamericana que vive en la Florida. Le gusta mucho hablar de su familia. Nos va a enseñar muchas fotos de su álbum de familia. Después de hablar de su familia y su niñez, nos va a hablar sobre su llegada a los Estados Unidos.

Comprensión

2-16 Primera proyección

Vea por primera vez el video sin escribir apuntes. Mírele bien la cara y fíjese en sus gestos, sobre todo cuando está hablando de las fotos de su familia.

¿Cómo es doña Isabel? ¿Parece contenta?

_____

_____

_____

2-17   Segunda proyección

Antes de ver el video por segunda vez, eche un vistazo a las siguientes preguntas de selección múltiple. Después de verlo por segunda vez contéstelas, escogiendo la mejor respuesta.

1. Doña Isabel dijo que en Cuba usaba el apellido...
   a. de su papá
   b. de su mamá
   c. de su papá y de su mamá

2. Doña Isabel tenía...
   a. 11 hermanos
   b. 12 hermanos
   c. 13 hermanos

3. Doña Isabel se crió en...
   a. la ciudad
   b. el campo
   c. los suburbios

4. Doña Isabel pasaba los fines de semana en...
   a. la ciudad
   b. el campo
   c. los suburbios

5. Doña Isabel pasaba los días de entresemana en la ciudad en la casa de un hermano suyo para...
   a. asistir a clases
   b. divertirse
   c. trabajar en un banco

6. Al graduarse, Isabel se hizo...
   a. entrenadora
   b. médica
   c. maestra

7. Doña Isabel se graduó cuando tenía...
   a. 16 años
   b. 18 años
   c. 19 años

8. Doña Isabel dejó de trabajar en la escuela para dedicarse a...
   a. sus estudios
   b. la revolución
   c. sus hijos

9. "Niña" fue...
   a. una hermana
   b. una amiga
   c. una perra

10. Doña Isabel ha vivido en...
    a. Virginia
    b. la Florida y Virginia
    c. la Florida

11. Doña Isabel y su marido llegaron a los Estados Unidos en el año...
    a. 55
    b. 65
    c. 75

12. Se puede intuir que salieron de Cuba mayormente por razones...
    a. económicas
    b. sociales
    c. políticas

2-18 ¿Se acuerda de los detalles?

Conteste las preguntas de acuerdo con la información en el video.

1. ¿En qué ciudad vivían doña Isabel y su marido cuando estaban recién casados?

   _____

2. ¿Quién es "Chico Papá"?

   _____

3. ¿Qué dijo doña Isabel de la Playa Varadero?

   _____

4. ¿Cómo celebraban las Navidades en la finca donde se crió doña Isabel?

   _____

5. ¿Por qué vinieron a los Estados Unidos doña Isabel y su familia?

   _____

6. ¿Cómo fue su viaje a los Estados Unidos?

   _____

2-19   Redacción

Vuelva a ver el video y saque apuntes sobre los siguientes temas.

1. Su nacimiento y niñez en Cuba.
   a. familiares:
   b. lugares:

2. Su llegada a los Estados Unidos.
   a. razones por salir de Cuba:
   b. el viaje:
   c. después de llegar:

Finalmente, escriba una pequeña biografía de dos párrafos sobre doña Isabel aprovechando la información en sus apuntes.

_____

_____

_____

_____

_____

_____

_____

_____

_____

_____

_____

_____

Capítulo 3

Los niños y los jóvenes

Estructura

The future tense

The future tense in Spanish is formed by adding the following set of endings to the whole infinitive.

Forming the future tense

yo	hablar**é**		nosotros/as	hablar**emos**
tú	hablar**ás**		vosotros/as	hablar**éis**
él, ella, Ud.	hablar**á**		ellos, Uds.	hablar**án**

The future tense is used to express what will happen. For example:

Hablaremos luego.   We will talk later.

Para el año 2015, estaré casado y tendré tres hijos.   By the year 2015, I will be married and I will have three children.

As in English, the future tense is also used to express probability in the present. For example:

> *Tiene un Mercedes. Será muy rico.*   He has a Mercedes. He will be very rich.
> (meaning he probably IS very rich)

Irregular futures

Several verbs have an irregular future stem that they use rather than the infinitive.

saber	–	sabr- (sabré, sabrás, sabrá, sabremos, sabréis, sabrán)
querer	–	querr-
haber	–	habr-
caber	–	cabr-
venir	–	vendr-
poner	–	pondr-
salir	–	saldr-
valer	–	valdr-
decir	–	dir-
tener	–	tendr-
hacer	–	har-

The conditional tense

Note that the conditional tense is formed, as is the future, by adding the following set of endings to the whole infinitive or irregular future-conditional stem.

Forming the conditional tense

yo	hablar**ía**	nosotros/as	hablar**íamos**
tú	hablar**ías**	vosotros/as	hablar**íais**
él, ella, Ud.	hablar**ía**	ellos, Uds.	hablar**ían**

The conditional tense is used to express what we would do.

> *En tal caso, llamaría a la policía.*   In such a case, I would call the police.
>
> *—¿Lo harías tú?*   Would you do it?
>
> *—Yo no lo haría por nadie.*   I wouldn't do it for anyone.

The conditional tense is used as the "future" in the past. For example:

> *Dijeron que vendrían a las cinco.*   They said that they would come at 5:00.

Nombre: _____   Fecha: _____

Práctica de estructura

3-1   La quinceañera de Mónica

Lea el siguiente párrafo acerca de una quinceañera y llene los espacios con la forma apropiada del tiempo futuro de los infinitivos.

Mónica, una amiga de nuestra familia, (1)_____ (celebrar) su quinceañera en la primavera. La quinceañera (2)_____ (ser) el 15 de abril. Mónica (3)_____ (invitar) a todos sus amigos y miembros de su familia. Ella (4)_____ (ir) de compras con su mamá para comprar un vestido blanco. Su amiga, Mercedes, (5)_____ (servir) de dama de honor y (6)_____ (llevar) un vestido elegante también. La ceremonia (7)_____ (tener) lugar en la Iglesia de Santo Tomás y (8)_____ (haber) una recepción en el Hotel Plaza. Todos los invitados (9)_____ (comer) pollo asado y su padre (10)_____ (dar) un brindis por su hija. Ella (11)_____ (bailar) primero con su padre y luego con los amigos del colegio. Todos (12)_____ (divertirse) y (13)_____ (recordar) este día importante.

3-2   Sara Cassina

Sara Cassina tiene 16 años ahora y tiene una hija. ¿Cómo será su vida en el futuro? Después de volver a leer la entrevista con Sara, conteste las siguientes preguntas. Agregue detalles si es posible.

MODELO: ¿Asistirá Sara a la universidad?
Sí, Sara asistirá a la universidad y será una estudiante excelente.

1. Si asiste a la universidad, ¿cuántos años tendrá su hija?

_____

_____

2. ¿Cuál será su especialización?

_____

_____

3. ¿Seguirá trabajando en casa?

_____

_____

4. ¿Cuándo pasará tiempo con su hija?

_____

_____

5. ¿Qué harán ellas juntas?

_____

_____

3-3 ¿Qué harían los chicos?

Indique si los chicos de este capítulo harían o no harían lo siguiente. Después indique qué haría Ud.

1. Christopher Bell, ¿compraría un boleto para asistir a un concierto de la sinfonía? ¿Y Ud.?

_____

_____

2. Sara González, ¿leería el último libro de la serie Harry Potter? ¿Y Ud.?

_____

_____

3. Lionel, ¿buscaría un trabajo de tiempo parcial? ¿Y Ud.?

_____

_____

4. Sara Cassina, ¿fumaría cigarrillos dentro de su casa? ¿Y Ud.?

_____

_____

5. Anny y Eduar, ¿escucharían los discos de Shakira? ¿Y Ud.?

_____

_____

Nombre: _____   Fecha: _____   **47**

3-4   Christopher Bell

Christopher Bell es un chico de 12 años. Si él fuera a un baile a su escuela...

1. ¿A qué hora comenzaría el baile?

_____

_____

2. ¿Cómo llegaría Christopher a la escuela?

_____

_____

3. ¿Qué llevaría Christopher?

_____

_____

4. ¿Qué música tocarían?

_____

_____

5. ¿Qué comerían?

_____

_____

6. ¿Qué haría Christopher durante el baile?

_____

_____

7. ¿A qué hora saldría para su casa?

_____

_____

3-5   Mis metas y mis planes para el futuro

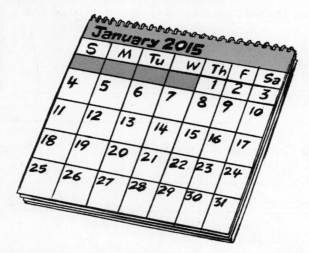

Mis metas para el año 2015: Escriba cinco oraciones sobre sus metas para el año 2015. Tiene que usar el futuro y puede usar las siguientes frases:

tener _____ años; vivir en _____; trabajar para _____; estar casado/a; tener _____ hijos.

_____

_____

_____

_____

_____

_____

_____

_____

_____

_____

3-6   Lo que dijimos mis compañeros de clase y yo

Los planes (reales o <u>imaginarios</u>, serios o cómicos) de nuestros compañeros de clase (en las tres oraciones tiene que usar el <u>condicional</u>). Por ejemplo:

John dijo que pondría a sus padres en una residencia de ancianos y vendería su casa para comprar un coche nuevo.

_____ [nombre de un/a alumno/a] dijo que _____

_____.

_____

_____

Genny y Shaunti dijeron que _____

_____.

_____

_____

Yo dije que _____.

_____

_____

3-7 ¿Cómo será el futuro de los jóvenes cantantes y actores latinos?

Escriba una oración para decir lo que harán o lo que les pasará a las siguientes personas para el año 2010. Use el futuro; no use el mismo verbo más de una vez.

Gloria Estefan _____ .

_____

_____

Geraldo _____ .

_____

_____

Ricky Martin _____ .

_____

_____

3-8   Fragmento de una entrevista con Gloria Estefan en CNN

Rellene los espacios con por o para según sea necesario.

Pregunta: Gloria, ¿quién eres?

Respuesta: Y, ¿quién soy yo (1)_____ dentro?

(2)_____ dentro creo que "Mi Tierra" y este disco ("Alma Caribeña") son los que más me representan porque fue la primera música que canté.

(3)_____ mí cantar este tipo de música es como regresar a mi niñez. Es rico cantar en español porque hay tantas palabras (4)_____ las emociones.

_____

Pregunta: Ricky Martin, Jennifer López y todos los latinos que están haciendo el "crossover" actualmente, ¿te sientes responsable (5)_____ ese movimiento?

Respuesta: Es muy real en ellos, no es nada prefabricado y (6)_____ eso a ellos también les gusta explorar. De todas formas es difícil. Y no solamente (7)_____ los hispanos. Tener un éxito, lograr un éxito internacional o mundial o incluso en Estados Unidos (8)_____ cualquier artista es muy difícil porque todas las semanas salen miles de canciones y (9)_____ que una de tus canciones sea la que llega es muy difícil, así que (10)_____ eso creo que han dicho que es una "ola latina" porque de pronto hubieron tantos latinos uno detrás de otro y antes tenían que cambiarse los nombres y todo (11)_____ poder participar.

Pregunta: Bueno, y antes de cambiar de tema, el "Grammy latino" se inicia este año. ¿Qué tan importante es eso?

Respuesta: Es importante porque tenemos tantos artistas. Es un premio tan esperado y deseado (12)_____ tantos artistas en la música, y "Grammy" no fue lo suficiente (13)_____expresar tanta música latina y todos los diferentes.

Pregunta: Con lo de Elián, ¿es mucha presión que todos estén tan pendientes de todo lo que haces y lo que dices, y que todo lo unan a la cuestión política?

Respuesta: Mira, cuando yo he hablado ha sido porque lo he sentido, nunca (14)_____ sentir ninguna presión de nadie. Ha sido algo que ha sido de corazón. Ahora, (15)_____ mí sí es una responsabilidad grande esta plataforma de la fama. Si yo me callo simplemente (16)_____ conveniencia o porque es mucho más fácil, yo no me puedo respetar. Las personas con fama tenemos una posición única y debe usarse (17)_____ el bien. Lo único que hago es rezar por él (Elián), que sea lo mejor (18)_____ su vida, y (19)_____ lo menos protegimos ese derecho de todo inmigrante... Los cubanos llevan 40 años congelados ahí en el tiempo y me da lástima (20)_____ ellos.

Repaso de estructura

3-9   **Chris Bell le habla a un amigo mexicano acerca de su vida en Fayetteville, Arkansas**

Escriba el imperfecto o el pretérito según el contexto.

Después de que mis padres y yo (1)_____ (mudarse) de Indiana, (2)_____ (empezar) a asistir lo que se llama *middle school* en Fayetteville, Arkansas. Mi vida (3)_____ (ser) bastante ordinaria. En un día típico, (4)_____ (levantarse) y (5)_____ (prepararse) para ir a la escuela. Mi padre me (6)_____ (conducir) en su carro. Después de las clases, algunos días (7)_____ (practicar) al básquetbol y otros días (8)_____ (ir) a coro o a practicar el piano. Generalmente (9)_____ (llegar) a casa en el camión de la escuela y antes de cenar (10)_____ (jugar) con mi hermano, Joe. Luego (11)_____ (comer) la cena, (12)_____ (hacer) la tarea, y (13)_____ (acostarse) como a las diez.

Mi festividad favorita es la Navidad y muchos años la celebramos con la familia de mi papá. Allí tenemos la comida tradicional norteamericana: pavo relleno, puré de papas, etc. Un año mi familia y yo (14)_____ (irse) a Kansas donde (15)_____ (vivir) mis abuelos. (16)_____ (Hacer) mucho frío por todo el país y también en Arkansas donde (17)_____ (haber) una ventisca el veinticuatro de diciembre. Muchos árboles (18)_____ (caerse) sobre los alambres y (19)_____ (pasar) una semana sin arreglarse la electricidad. Todo (20)_____ (helarse) sin calefacción y todos los peces en nuestro tanque (21)_____ (morirse). Cuando nosotros (22)_____ (volver) a casa, la electricidad ya (23)_____ (funcionar). Sin embargo, mi padre (24)_____ (tener) que comprar otros peces para el tanque. Ahora cuando viajamos durante la Navidad, dejamos el tanque de peces con nuestros vecinos.

Práctica de vocabulario

3-10 Los jóvenes

Escoja la palabra o frase que mejor completa las siguientes descripciones de las personas que Ud. conoció en el capítulo 3.

1. Chris _____ cada fin de semana.
   a. sale con amigos
   b. se muda
   c. se burla de Tom Green
   d. cambia de opinión

2. Leonel quería graduarse para poder _____ y tener más oportunidades.
   a. elegir
   b. quedarse
   c. superarse
   d. hacer amigos

3. Sara _____ derecho.
   a. es capaz de
   b. piensa estudiar
   c. regaña
   d. discute

4. La _____ de Sara es lograr ser abogoda.
   a. inseguridad
   b. diversión
   c. meta
   d. habilidad

5. Eduar y Anny _____ jugando con canicas y al escondite.
   a. se cumplen
   b. se preparan
   c. se dedican
   d. se divierten

Nombre: _____   Fecha: _____

3-11   **¿Cómo son los niños y los jóvenes?**

Escoja tres términos de la lista de vocabulario que
se asocian con niños o jóvenes de las siguientes
edades. Refiérase al vocabulario del libro de texto
si es necesario. Hay varias respuestas posibles.

1. 5 años

_____   _____   _____

2. 11 años

_____   _____   _____

3. 17 años

_____   _____   _____

3-12   **¿Cómo se define?**

Explique el significado de los siguientes términos usando sus propias palabras.

1. festejar   _____

2. estar deprimido   _____

3. mudarse   _____

4. cambiar de opinión _____

5. burlarse de   _____

3-13 Descripción

Escriba una oración con cada una de las siguientes palabras o frases. Las oraciones deben describirlo a Ud. o a alguien que Ud. conoce.

MODELO: regañar
           Mi abuela me regañaba mucho cuando yo era niña.

1. los quehaceres

   _____

2. tener habilidad para

   _____

3. la ambición

   _____

4. mudarse

   _____

5. soñar con

   _____

Lectura

Sara González

Me llamo Sara González. Nací en Woodland, California, el 11 de febrero de mil novecientos noventa y uno. Cuando tenía tres años, empecé clases de gimnasia antes de mudarnos a Chapel Hill, North Carolina. A los cuatro años, comencé a tomar clases de ballet. Un año después, mi hermano, Andrés, nació el mismo día que yo cumplía cinco años. Viví allí hasta que tenía seis años. El cuatro de agosto del noventa y siete, nos vinimos a Winston-Salem, North Carolina, después de completar *kindergarten*. Acá, empecé el primer grado en Whitaker Elementary. Después de terminar el primer grado, nos fuimos a pasar las vacaciones a Colombia, donde mis padres habían nacido. Desafortunadamente, hubo un problema con los papeles, y tuvimos que quedarnos en Colombia por un año y medio.

Allí, empecé el segundo grado en La Inmaculada, una escuela en el pueblo de Bolívar, donde nuestros abuelitos viven. En un par de meses, nos llamaron de Medellín, a decirnos que mi otro abuelo se había muerto y mi abuelita estaba sola. Entonces, nos fuimos a Medellín, a ayudar a mi abuela a mudarse a Sabaneta, una ciudad que queda a una hora de Medellín. Allí, buscamos un colegio al cual yo podía asistir y terminar el segundo grado.

Muy pronto encontramos un colegio y un apartamento donde nos podíamos quedar. Mi nuevo colegio se llamaba Nuestra Señora del Carmen. Nuestro apartamento quedaba en una unidad llamada Arco Iris, donde una tía vivía. Hice muchas amigas allí y algunas asistían al mismo colegio. Cuando volvimos a North Carolina, empecé el tercer grado unos meses después. Rápidamente me acostumbré al clima y al ambiente. Cuando terminé el tercero, pasé las vacaciones observando pájaros y experimentando con cometas y electricidad. Cuando entré al cuarto grado, era fácil encontrar amigas. Pasaba el tiempo haciendo mis pasatiempos preferidos: bailar, cantar, memorizar poemas y dibujar.

Pronto me interesé en cosas nuevas, como leer libros por Robert Lawrence Stine, un escritor de libros de terror. Antes, iba a la biblioteca de mi escuela casi todos los días. Ahora, saco cinco o seis libros a la vez. Disfruto ciencias y estudios sociales. Quiero estudiar para ser una arqueóloga, una antropóloga, una científica o una bióloga marina cuando esté grande. Planeamos volver a Colombia en cuatro años.

3-14 Comprensión

1. ¿Por qué se quedaron en Colombia?

   _____

   _____

2. ¿Por qué se mudaron a Medellín?

   _____

   _____

3. ¿Qué le gustaba hacer en su tiempo libre?

   _____

   _____

4. ¿Qué tipo de libros escribe Robert Lawrence Stine?

_____

_____

5. ¿Cuáles son algunas carreras que le gustaría seguir?

_____

_____

3-15   ¿Se puede intuir?

Lea cuidadosamente cada afirmación e indique si es cierta (C), falsa (F) o sugerida (S).

1. _____ Sara ha vivido en muchos lugares diferentes.

2. _____ Los padres de Sara se quedaron en Colombia porque encontraron mejores trabajos.

3. _____ Sara asistió a dos escuelas en Colombia.

4. _____ Los pasatiempos de Sara tienen que ver con las artes.

5. _____ Sara piensa seguir una carrera que utiliza su talento artístico.

3-16   Extensión

El Sueño de Sara: A Sara le gusta leer los libros de terror de Robert Lawrence Stine. Un día se duerme mientras lee un libro suyo. Use su imaginación y provea la siguiente información. Después escriba un párrafo que describa el sueño de Sara.

1. Personas

2. Tiempo

3. Lugar

4. Trama

5. Otros efectos

Entrevista virtual

Sara González

Sara González es una niña colombianoamericana que vive en Winston-Salem, North Carolina. Le gusta mucho bailar, dibujar y leer.

Comprensión

3-17   Primera proyección

Vea por primera vez el video sin escribir apuntes. Mírele bien la cara y fíjese en sus gestos.

¿Cómo es Sara? ¿Parece contenta?

_____

_____

_____

3-18   Segunda proyección

Antes de ver el video por segunda vez, eche un vistazo a las siguientes preguntas de selección múltiple. Después de verlo por segunda vez contéstelas, escogiendo la mejor respuesta.

1. La familia se fue a Colombia cuando Sara salió del...
   a. kindergarten
   b. primer grado
   c. segundo grado

2. El primer libro que leyó era sobre...
   a. un astronauta oso
   b. un ratón gordito
   c. un pato hablador

3. La escuela Nuestra Señora del Carmen está en...
   a. California
   b. North Carolina
   c. Sabaneta, Colombia

4. Cuando la familia volvió a los EE.UU. Sara tenía...
   a. 6 años
   b. 7 años
   c. 8 años

5. En un día típico en la escuela, lo primero que hace Sara es...
   a. ir a la biblioteca
   b. jugar deportes
   c. estudiar matemáticas

6. Miss Foster es la profesora de...
   a. la tarde
   b. la mañana
   c. la informática

7. Mrs. Palmer es la profesora de...
   a. la informática
   b. la mañana
   c. la tarde

8. A Sara le gustan más los libros de...
   a. ciencia ficción
   b. fantasía
   c. misterio

9. *Sunrise* es...
   a. una escuela
   b. un equipo de fútbol
   c. un libro

10. Thomas Alva Edison era un...
    a. inventor americano
    b. hermano de Washington
    c. político colombiano

3-19   ¿Se acuerda de todos los detalles?

1. ¿Conoce la música que se oye antes de hablar Sara (cuando está bailando)?

_____

_____

2. ¿Quiénes son Olimpia y Santiago?

_____

_____

3. ¿Cómo es la finca de los abuelos de Sara? ¿Qué animales tienen?

_____

_____

4. ¿Qué dijo Sara de la escuela en Sabaneta?

_____

_____

5. Describa la rutina diaria de Sara en la escuela.

_____

_____

6. A Sara le gustar mucho los libros. ¿Qué nos dijo de los libros?

_____

_____

3-20   Redacción

Vuelva a ver el video y saque apuntes sobre los siguientes temas.

Los intereses y la vida de Sara

1. Intereses.
    a. música:
    b. libros:
    c. arte:

2. Vida escolar y estudios.
    a. rutina diaria:
    b. materias:
    c. maestros:

3. Vida familiar.
    a. padres, hermano, abuelos:
    b. lugares: Estados Unidos, Colombia:

Finalmente, escriba una pequeña biografía de tres párrafos sobre Sara, aprovechando la información en sus apuntes.

_____

_____

_____

_____

_____

_____

_____

_____

_____

_____

_____

_____

_____

_____

_____

_____

_____

_____

_____

_____

_____

_____

_____

_____

_____

_____

_____

_____

_____

_____

_____

_____

_____

_____

_____

_____

_____

_____

_____

Capítulo 4

Los artistas

Estructura

The subjunctive

The present subjunctive is formed by removing the final two letters of the infinitive and adding the following endings.

The subjunctive endings

-AR	-ER	-IR
tomar	beber	discutir
tome	beba	dicuta
tomes	bebas	dicutas
tome	beba	dicuta
tomemos	bebamos	dicutamos
toméis	bebáis	dicutáis
tomen	beban	dicutan

Verbs with irregular *yo* forms in the present indicative use that form minus the *o* in all persons of the present subjunctive rather than the infinitive stem. For example:

hacer (hago): haga, hagas, haga, hagamos, hagáis, hagan

tener (tengo): tenga, tengas, tenga, tengamos, tengáis, tengan

traer (traigo): traiga, traigas, etc.

venir (vengo): venga, etc.

conocer (conozco): conozca, etc.

merecer (merezco): merezca, etc.

traducir (traduzco): traduzca, etc.

salir (salgo): salga, etc.

decir (digo): diga, etc.

Stem-change verbs in the subjunctive

-AR and *-ER* verbs that stem-change in the present indicative, stem-change in the same way, and in the same persons in the present subjunctive.

SENTAR (E → IE)	PODER (O → UE)
siente	pueda
sientes	puedas
siente	pueda
sentemos	podamos
sentéis	podáis
sienten	puedan

-IR verbs that stem-change in the present indicative and preterit, show their present stem change in the first, second, third persons singular, and the third person plural of the present subjunctive, and also change their infinitive stem *e* to *i* or the *o* to *u* in the first and second persons plural.

MENTIR	PEDIR	DORMIR
mienta	pida	duerma
mientas	pidas	duermas
mienta	pida	duerma
mintamos	pidamos	durmamos
mintáis	pidáis	durmáis
mientan	pidan	duerman

Spelling-change verbs in the subjunctive

Spelling changes are required in all persons of the present subjunctive to maintain the hard or soft *g* or *c* consonant values in all verbs ending in *-gar, -car, -ger, -gir, -guar,* and *-zar.*

To maintain a hard *g* or *c,* change to *gu* or *qu.*

PAGAR (G → GU)	TOCAR (C → QU)	
pague	toque	
pagues	toques	
pague	toque	
paguemos	toquemos	
paguéis	toquéis	
paguen	toquen	

COGER (G → J)	ALZAR (Z → C)	AVERIGUAR (GUA → GÜE)
coja	alce	averigüe
cojas	alces	averigües
coja	alce	averigüe
cojamos	alcemos	averigüemos
cojáis	alcéis	averigüéis
cojan	alcen	averigüen

Irregular verbs in the subjunctive

The following verbs are irregular in the present subjunctive:

SER	SABER	HABER
sea	sepa	haya
seas	sepas	hayas
sea	sepa	haya
seamos	sepamos	hayamos
seáis	sepáis	hayáis
sean	sepan	hayan

IR	DAR	ESTAR
vaya	dé	esté
vayas	des	estés
vaya	dé	esté
vayamos	demos	estemos
vayáis	deis	estéis
vayan	den	estén

Práctica de estructura

4-1   Al López

Al López está escribiendo una canción de rap. Ayúdele conjugando
los verbos en el presente del subjuntivo.

1. Quiero que mis hijos _____ (tener) felicidad.

2. Quiero que mis hijos _____ (sentir) el amor.

3. Quiero que mis hijos _____ (vivir) en paz.

4. Que no _____ (sufrir) del hambre.

5. Que no _____ (odiar) a su vecino.

6. Que no se _____ (olvidar) de los viejos.

7. Que sí _____ (buscar) la harmonía.

8. Que sí _____ (luchar) por la justicia.

9. Que sí _____ (decir) la verdad.

10. Que sí _____ (tener) felicidad.

(For notes on using the subjunctive, see the text, chapter 4 - Estructura)

4-2   Los deseos de los jóvenes y los artistas latinos

¿Con qué sueñan los jóvenes y los artistas latinos? ¿Qué esperan? ¿Qué quieren? ¿Qué desean? Conteste las siguientes preguntas con la información en paréntesis, siguiendo el modelo y teniendo cuidado de distinguir entre el uso del infinitivo y el subjuntivo.

MODELO: ¿Qué desea Eder Ibarra? (su mamá estar contenta / además / él ser arquitecto)
Eder desea que su mamá esté contenta; además desea ser arquitecto.

1. ¿Qué espera Miriam Sagasti? (ella trabajar en casa / además / sus hijos mantener el contacto con su país natal)

    Miriam espera _____; además espera

    _____

2. ¿Qué quiere Sara González? (ella bailar como Shakira / además / su hermano estar tranquilo)

    _____;

    además _____.

3. ¿Qué espera Sara Cassina? (su bebé ser bien educada / además / ella graduarse del colegio)

    _____;

    además _____.

4. ¿Con qué sueña Leonel Pérez? (los inmigrantes guatemaltecos no tener tantos problemas / además / él terminar la escuela)

    _____;

    además _____.

4-3   Carlos Pérez y Carlos Morton

Rellene los espacios con un pronombre relativo. Se puede utilizar que, quien, el cual (la cual, los cuales, las cuales), el que (la que, los que, las que), cuyo, lo que y lo cual.

Carlos Pérez, (1) _____ es el abuelo del escritor Carlos

Morton, nació en México. Se fue a Chicago (2) _____ es

la ciudad donde nació su nieto. Carlos Pérez buscaba trabajo en el ferrocarril, (3) _____

le mostró el efecto negativo de tener un apellido mexicano. Un día, pasando por la calle de

la ciudad, vio un anuncio de Morton Salt (4) _____ le dijo "When it rains, it pours."

Luego Pérez cambió su nombre por Charles Morton. Su hijo tenía el mismo nombre pero lo

cambió por Carlos Morton, (5) _____ refleja sus raíces chicanos.

4-4   El nuevo álbum de Gloria Estefan

Escriba una sola oración de las dos oraciones, empleando un pronombre relativo adecuado.

1. Gloria tiene un nuevo álbum. Las canciones del álbum son cubanas.

    _____

    _____

2. Gloria Estefan ha grabado muchas canciones cubanas. Su abuela cantaba esas canciones.

    _____

    _____

3. Gloria se crió en una casa en Miami. En la casa su mamá conservaba la cultura cubana.

    _____

    _____

4. La abuela de Gloria le cantaba canciones. Gloria siempre recuerda esas canciones.

    _____

    _____

5. Gloria tiene dos hijos. Los hijos la acompañan en sus giras de concierto.

    _____

    _____

4-5   Los jóvenes y los artistas latinos en los Estados Unidos: Ricky Martin

Usted está repasando sus apuntes para el examen final y quiere volver a escribir los apuntes sobre los capítulos 3 y 4. En sus apuntes sobre Ricky hay muchas oraciones breves y por eso quiere combinarlas. Haga una sola oración de las dos oraciones, empleando pronombres relativos adecuados.

MODELO: Ése es el nuevo álbum Ricky. En el álbum hay diez canciones.
            Ése es el nuevo álbum Ricky en el cual hay diez canciones.

1. Ricky Martin es un cantante latino. Ricky Martin gana mucho dinero.

   _____

   _____

2. Ricky ha firmado un nuevo contrato con la compañía Pepsi. Los productos de Pepsi son muy populares en la comunidad latina.

   _____

   _____

3. Ricky tiene una casa en Miami. En la casa hay muchos cuadros de artistas latinos como Noé Hernández.

   _____

   _____

4. Ricky Martin ganó millones de dólares el año pasado. Eso no nos sorprendió nada.

   _____

   _____

4-6   Para escribir

Escriba un ensayo breve (mínimo de 7 oraciones – máximo de 11) sobre uno de los temas sugeridos:

- La compleja identidad étnica de los cubanoamericanos como se ve reflejada en las palabras de Gustavo Pérez Firmat (u otros cubanoamericanos <u>si quiere</u>, como Gloria Estefan).

- Las dificultades de adaptarse a la cultura estadounidense como lo vimos en la vida de los jóvenes y los artistas de los capítulos 3 y 4 (u otros latinos <u>si quiere</u>).

_____

_____

_____

_____

_____

_____

_____

_____

_____

_____

_____

_____

_____

_____

_____

_____

Repaso de estructura

4-7 Adriana Cobo

Rellene los espacios con por o para en el siguiente párrafo sobre la vida y obra de Adriana Cobo.

La doctora Adriana Cobo ha vivido en los Estados Unidos (1) _____ 45 años. En Chile estudió (2) _____ el doctorado en química. Ella trabajó (3) _____ la Southwestern Medical School en el departamento de radiología. Allí ella tomó clases de arte en un programa (4) _____ adultos y eso empezó su carrera en arte. Sus primeras esculturas eran de yeso, pero luego usó técnicas de bruñido. Entonces se sintió preparada (5) _____ clases más avanzadas. Su trabajo en arte la llevó a muchos sitios diferentes desde Dallas a Nuevo México y a Chile. Ella tenía una fascinación (6) _____ el mármol y salió (7) _____ Italia, un país famoso (8) _____ sus pinturas y sus esculturas. (9) _____ seis meses aprendió a tallar mármol. Ahora pasa casi todos los veranos en Italia practicando su escultura. Cuando vuelve a los Estados Unidos trae mármol a Dallas (10) _____ utilizarlo en su estudio. (11) _____ una doctora en Radiología, Adriana Cobo tiene un talento enorme en el arte plástico.

Práctica de vocabulario

4-8 Nuestros nuevos amigos latinos

Escoja la palabra que mejor completa las siguientes descripciones de las personas que Ud. conoció en capítulo 4.

1. Adriana viaja a Italia cada verano para comprar _____ para sus propias esculturas.
   a. pintura
   b. mármol
   c. timbales
   d. fondo

2. Carlos es un _____ bien conocido quien ha escrito muchas obras de teatro.
   a. dramaturgo
   b. actor
   c. cantante
   d. escultor

3. Papá Rap _____ canciones rap para los jóvenes de Arkansas.
   a. estrena
   b. actúa
   c. compone
   d. talla

4. José incluye muchos colores brillantes en la mayoría de sus _____.
   a. canciones
   b. dramas
   c. películas
   d. pinturas

4-9   Asociaciones

Escriba tres palabras que se asocian con cada uno de los siguientes términos.

MODELO: drama

   dramaturgo   _guión_   _teatro_

1. el/la cantautor/a

   _____   _____   _____

2. esculpir

   _____   _____   _____

3. la música latina

   _____   _____   _____

4. retrato

   _____   _____   _____

5. cine

   _____   _____   _____

4-10 Los dibujos

Rellene los espacios con el término que corresponde a la ilustración.

1. _____

2. _____

3. _____

4. _____

5. _____

4-11   Los artistas latinos

Subraye la palabra que mejor completa las siguientes oraciones.

1. Ricky Martin no ha tenido ningún (estreno / éxito) en la radio últimamente.

2. Galavisión es mi (cadena / drama) favorito/a porque siempre tiene programas interesantes.

3. Los pintores no siempre usan (fondo / lienzo). A veces pintan sobre otros materiales como la madera.

4. Tengo que prestar mucha atención a las canciones que tocan en la radio para entender el/la (éxito / letra).

5. Mi papá instaló un satélite porque quería poder ver más (canales / estrenos).

Lectura

Luis Herrador

Mi nombre es Luis Herrador y soy de El Salvador. Empecé a estudiar salsa hace dos años. Así fue cómo comencé a dar clases y todo. Mi prima ganó un mes de clases de salsa gratis y necesitaba pareja. Entonces, me habló y me dijo, "Tienes que venir a esta clase." Fui con ella y me gustó. Así fuimos dos veces a la semana. Los instructores vieron que tenía potencial para más y más y me pidieron estar en su grupo. Cuando estaba en ese grupo hicimos exhibiciones y enseñamos en el Hard Rock Café y en unos clubes aquí en Dallas. Luego, el que era líder del grupo se casó y me dejó el grupo a mí. Luego formé mi propia compañía que se llama Salsa Guanaca.

Bailo salsa, merengue, cha cha cha y bachata. Y ahorita estoy empezando con el mambo. La música de cada baile es diferente. Bueno, la salsa y el mambo son parecidos, pero la diferencia es que el mambo es despacio y la salsa es más rápida. El mambo fue el que originó a la salsa. O sea, la salsa viene del mambo pero es básicamente más rápida. Para bailar el cha cha cha se agrega como tres pasos más. El merengue es más como una marcha nada más. La bachata es casi como el merengue, pero un poquito más rápida.

Todos estos bailes vienen del Caribe. El merengue y la bachata, según lo que yo he leído, vienen de la República Dominicana. El cha cha cha... no sé de dónde viene. Hay diferentes historias de cómo empezaron el mambo y la salsa. Unos dicen que vienen de Puerto Rico pero otros dicen que se originaron en Cuba. Según la historia que me dijeron, los puertorriqueños desarrollaron la salsa. Pero vieron que era muy sexual y que cuando la empezaron a bailar era muy provocativa. Después los cubanos la agarraron y la adaptaron. Entonces, dicen que la salsa nació en Puerto Rico pero que se perfeccionó en Cuba.

El merengue es más fácil de aprender porque sólo se mueve la cadera y eso es todo. El baile más difícil es la salsa. No es que son muchos más pasos sino que hay que saber cuándo hacer los pasos. El mambo le sigue a la salsa en lo difícil, pero la salsa es más difícil porque se tiene que estar más sincronizado con la música. Por ejemplo, cuando estás bailando con una pareja tienes que saber cuándo en el ritmo le das la vuelta a la muchacha o cuándo tú das la vuelta. Es muy difícil, pero de todos los tipos de bailes es mi favorito porque también es el más interesante. Por eso es mi especialidad.

4-12   Comprensión

1. ¿Cuánto tiempo hace que Luis baila la salsa?

   _____

2. ¿Cómo es que Luis llegó a ser líder de la compañía?

   _____

3. ¿Cuál es su nuevo baile?

   _____

4. Según los puertorriqueños, ¿dónde se originó la salsa?

_____

5. ¿En qué se basan las diferencias entre los bailes?

_____

4-13 **¿Se puede intuir?**

Lea cuidadosamente cada afirmación e indique si es cierta (C), falsa (F) o sugerida (S).

1. _____ La carrera de Luis empezó con una invitación de su prima.

2. _____ La diferencia entre el mambo y la salsa tiene que ver con el ritmo de la música.

3. _____ Hay diferentes teorías sobre el origen de la salsa.

4. _____ La salsa tiene el mayor número de pasos.

5. _____ El mambo es la especialidad de Luis.

4-14   Extensión

A causa de su talento, una compañía de producción en Hollywood ha escogido a Luis para el papel de actor principal de una película nueva. Luis realizará un papel muy parecido a su vida verdadera. ¿Cuál será la trama de esta película? Escriba la siguiente información en el cuadro.

Marco escénico (setting)

_____

_____

Trama (plot)

_____

_____

Clímax

_____

_____

Desarrollo

_____

_____

Entrevista virtual

Miriam Sagasti

Miriam Sagasti es una ilustradora peruanoamericana que ha ilustrado muchos libros para niños.

Comprensión

4-15   Primera proyección

Vea por primera vez el video sin escribir apuntes. Mírele bien la cara y fíjese en sus gestos.

¿Cómo es Miriam? ¿Parece contenta?

_____

4-16   Segunda proyección

Antes de ver el video por segunda vez, eche un vistazo a las siguientes preguntas de selección múltiple. Después de verlo por segunda vez contéstelas, escogiendo la mejor respuesta.

1. Miriam Sagasti tiene unos...
   a. 40 años
   b. 50 años
   c. 60 años

2. Miriam y su marido vinieron a los EE.UU. hace más de...
   a. 20 años
   b. 30 años
   c. 40 años

3. Cuando llegó a los EE.UU. Miriam no sabía hablar inglés; para aprender el inglés decidió...
   a. tomar clases del idioma inglés
   b. ver películas
   c. tomar clases de arte

4. En Washington Miriam tenía...
   a. una escuela de arte
   b. un estudio de diseño gráfico
   c. un estudio de fotografía

5. Cuando se mudó a Carolina del Norte, Miriam decidió que trabajaría con...
   a. acuarela
   b. lápices de colores
   c. ilustraciones para niños

6. A Miriam le gusta más hacer ilustraciones para...
   a. libros de texto
   b. carátulas
   c. calendarios

7. A Miriam le gusta menos hacer ilustraciones para...
   a. libros de texto
   b. carátulas
   c. calendarios

4-17 ¿Se acuerda de todos los detalles?

Conteste las preguntas según la información en el video.

1. ¿Para qué tipo de revistas hace Miriam ilustraciones?

   _____

   _____

2. ¿Cuáles son los detalles de algunos de los libros y otras obras que ha hecho Miriam?

   _____

   _____

4-18   Redacción

Vuelva a ver el video y saque apuntes sobre los siguientes temas.

Los intereses y la vida de Miriam.

1. vida: _____

    a. Perú   _____

    b. familia, hijos   _____

    c. Estados Unidos   _____

2. obra: _____

    a. diseño gráfico   _____

    b. ilustración (libros, carátulas, libros de actividades, libros de texto, rompecabezas)

    _____

Finalmente, escriba una pequeña biografía de tres párrafos sobre Miriam Sagasti aprovechando la información en sus apuntes.

_____

_____

_____

_____

_____

_____

_____

_____

_____

_____

_____

_____

_____

_____

_____

_____

_____

Capítulo 5

Los trabajadores

Estructura

For rules on forming the present subjunctive, see chapter 4 workbook. For notes on using the subjunctive with nominal clauses that show doubt and uncertainty, see the current textbook chapter.

More about subjunctive and the uncertain or hypothetical: adjective clauses and adverbial clauses

Subjunctive and indicative in adjective clauses

What is an adjective clause? When we say "this is a car <u>that I can afford</u>" the words "that I can afford" are called an adjective clause, even though they do not contain an adjective, because they serve to modify the noun "car" as would an adjective: not a *big* car, or a *green car*, but a car "that I can afford."

In Spanish, adjective clauses that modify nouns whose existence is denied, uncertain, or hypothetical to the speaker require **subjunctive** mood.

Quisiera tener un jefe que me **pague** *más.*   I would like to have a boss who will pay me more. (But I'm not sure if he exists.)

*No hay nadie que te **pueda** ayudar.*	There is no one who can help you. (The person does not exist to me.)
*¿Conoces un restuarante donde **sirvan** comida mexicana?*	Do you know a restaurant where they serve Mexican food? (I'm asking if you know one; I do not have one in mind.)

However, if we do have a definite thing or person in mind, we must use **indicative** in the adjective clause.

*Tengo un jefe que me **paga** bien.*	I have a boss who pays me well. (I have a certain person in mind.)
*Conozco un restuarante donde **sirven** comida mexicana.*	I know a restaurant where they serve Mexican food. (I have a place in mind; if asked, I can name it.)

Adverbial clauses

There are several conjunctions that commonly introduce adverbial clauses that are necessarily hypothetical, uncertain, or yet to happen. These conjunctions will **require subjunctive** mood in the adverbial clause as it is always expressing something hypothetical, something that may or may not be the case.

a menos que	– unless
con tal que	– provided that
para que	– so that
a fin de que	– in order that
en caso de que	– in case
sin que	– without

*Caroline habla español **con tal que** sus clientes **sean** latinas.*	Caroline speaks Spanish provided that her customers are Latino. (They may or may not be Latino.)

However, the conjunctions "since, as, and because" (*como, ya que, porque*) **require indicative** in the adverbial clause because the clause always states a fact.

*Caroline habla español **como** sus clientes **son** latinas.*	Caroline speaks Spanish since her customers are Latinos. (The customers are Latino.)

The conjunction "even though or even if" (*aunque*) can be followed by either subjunctive or indicative depending on whether it introduces the hypothetical (subjunctive) or a fact (indicative). It's interesting to note that we usually accomplish the same thing in English by using "even if" for the hypothetical and "even though" for the factual.

*Le gusta el trabajo **aunque** no **sea** muy prestigioso.*	She likes the job even if it might not be very prestigious.
*Le gusta el trabajo **aunque** no **es** muy prestigioso.*	She likes the job even though it is not very prestigious. (She knows the job is not prestigious and states it as fact.)

Nombre: _____ Fecha: _____

Adverbial clauses introduced by conjunctions of time

Antes de que is a conjunction of time that always introduces an adverbial clause requiring subjunctive because, as a result of its meaning, it always introduces an action that has not yet taken place.

> *Quiero graduarme **antes de que se gradúe** mi hija.* — I want to graduate before my daughter graduates.

However, most other conjunctions of time such as "when, after, until" (*cuando, después de que, hasta que*) can be followed by **either subjunctive or indicative** depending upon whether or not they are introducing something that has not yet happened. An important key to making this determination is the tense of the main clause verb.

For example, if I use future in the main clause and say "<u>I will call</u> you when you arrive," I must use subjunctive because you have not yet arrived.

> *Te llamaré cuando **llegues**.*

If, on the other hand, I am narrating the past and say "I called you when you arrived," I will use past indicative tenses.

> *Te llamé cuando **llegaste**.*

Likewise, if I am saying that something always happens when something else happens, I will use present indicative in both the main clause and the adverbial clause.

> *Siempre escucho la música cuando **estudio**.* — I always listen to music when I study.

Práctica de estructura

5-1 El trabajo ideal

Muchos de nuestros vecinos latinos hablan hipotéticamente del trabajo ideal. Rellene los espacios con la forma adecuada del presente del indicativo y el subjuntivo de los infinitivos en letra cursiva. Siga el modelo.

MODELO: John / *querer* tener / un trabajo / que / no *estar* en Nueva York
John *quiere* tener un trabajo que no *esté* en Nueva York.

1. Beatrice / *preferir* / una profesión / que / *permitir*le viajar

   _____

2. Rosa y Caroline / *querer* seguir / una profesión / en que / *poder* hablar español

   _____

3. John y María / *buscar* / un trabajo / en que / ellos / *tratar* / con mucha gente

   _____

4. Todos / *querer* / trabajos / que / *permitir*les / pasar más tiempo con la familia

   _____

5. John y Rosa / *preferir* / un trabajo / en que / *ayudar* / a la gente

   _____

5-2 Nuestros apuntes sobre John Zapata

¿Qué dijo John? Después de repasar todos los apuntes sobre el subjuntivo y el indicativo aquí y en el texto, rellene los espacios con la forma adecuada del presente del subjuntivo o indicativo según sea necesario.

Es obvio que John (1) _____ (preferir) vivir

en Nueva Inglaterra aunque le (2) _____ (pare-

cer) interesante la vida en Nueva York. John no cree que las oportunidades

(3) _____ (venir) fácilmente en una ciudad tan grande como Nueva York.

Además, quiere que sus hijos (4) _____ (crecer) en un lugar tranquilo ya

que (5) _____ (haber) mucho crimen en las ciudades grandes. En Nueva

Inglaterra hay más espacio para que John (6) _____ (poder) jugar al fút-

bol. A John le gusta mucho ser entrenador de fútbol con tal que (7) _____

(poder) contar con el entusiasmo de los jóvenes estadounidenses. John cree que los su-

damericanos (8) _____ (jugar) mejor que los estadounidenses ya que

(9) _____ (tener) más experiencia. Sueña con que el fútbol

(10) _____ (ser) más importante en el futuro cuando los jóvenes esta-

dounidenses (11) _____ (saber) jugar mejor.

5-3 Rosa Cabrera

¿Qué dice Rosa? Después de repasar los apuntes anteriores sobre el subjuntivo y el indicativo en las cláusulas adjetivales, rellene los espacios con la forma adecuada del presente del subjuntivo o indicativo.

Hay varios trabajadores que (1) _____ (quer-

er) pasar más tiempo con sus familias. Rosa, por ejemplo, dice

que le gusta mucho trabajar con los álbumes de fotos porque así (2) _____

(poder) comunicarse con otras personas. Dice que le gusta trabajar aunque no

(3) _____ (tener) mucho tiempo con su familia. No hay nadie que

(4) _____ (trabajar) más que Rosa. Sin embargo, en el futuro Rosa quiere

tener un trabajo que le (5) _____ (permitir) pasar más tiempo en casa.

5-4   ¿Qué dicen nuestros nuevos amigos?

Después de repasar los apuntes anteriores sobre el subjuntivo y el indicativo en las cláusulas adjetivales, rellene los espacios con la forma adecuada del presente del subjuntivo o indicativo.

1. Rosa y Caroline dicen que el tiempo pasa rápido cuando a uno le

   _____ (gustar) lo que hace.

2. María dice que cuando _____ (tener) nietos, quiere educarlos bien.

3. Rosa usa el papel sin ácido para que el papel no _____ (dañar) las

   fotos.

4. Rosa dice que hay muchas personas de ascendencia latina que sí entienden el

   español aunque no lo _____ (hablar).

5. Caroline dice que los clientes están más relajados cuando el empleado

   _____ (hablar) su lengua.

5-5   Nuestros hijos van a asistir a la universidad y van a hablar español

Muchos trabajadores latinos nos hablan de la importancia de los estudios universitarios y la importancia de ser bilingües. Rellene los espacios, en la próxima página, con la forma adecuada del presente del subjuntivo o indicativo.

COORDINADOR (A) DE PROMOCIONES A TIEMPO COMPLETO – Mínimo 2 años de experiencia coordinando personal y actividades promocionales. Bilingüe, bachillerato en mercadeo y/o publicidad. Conocimiento en computadoras, Power Point, Excel, Word y Outlook. Int. enviar resume con historial salarial al fax 788-721-4079.

Rosa dice que es muy importante que sus hijos (1) _____ (hablar) español porque eso les (2) _____ (ir) a ayudar cuando ellos (3) _____ (buscar) empleo.

Además, hablamos con muchos obreros latinos que (4) _____ (querer) que sus hijos (5) _____ (asistir) a la universidad para que éstos (6) _____ (conseguir) mejores puestos en las compañías. Un obrero mexicano nos dijo: —Prefiero que mis hijos (7) _____ (ir) a la universidad con tal que (8) _____ (tener) buenas notas.

Repaso de estructura

5-6   ¿Cómo se sienten los trabajadores que conoció en este capítulo?

Repase la lectura sobre María Sustache, John Zapata, Caroline Cabrera Prado y Rosa Cabrera. Luego, conteste las siguientes preguntas utilizando el subjuntivo en su respuesta. Use su imaginación; no hay una respuesta fija.

María Sustache

1. ¿De qué se alegra María?

    _____

2. ¿Qué le gusta acerca de su trabajo?

    _____

3. Su esposo es piloto. ¿De qué tendrá miedo ella?

    _____

4. ¿Qué les aconseja a sus hijos?

    _____

John Zapata

5. ¿Qué espera John con respeto al deporte de fútbol?

    _____

6. ¿Qué les recomienda a los técnicos?

    _____

7. ¿Qué le gusta que hagan los niños?

    _____

8. ¿De qué se alegra John?

    _____

Caroline Cabrera Prado

9. Hablando de su trabajo, ¿de qué se alegra?

    _____

10. ¿Qué les aconseja a sus clientes?

    _____

11. Con respeto al salón de belleza, ¿qué prefiere ella?

    _____

12. Para el futuro, ¿qué espera ella?

    _____

Rosa Cabrera

13. ¿Qué les pide a sus estudiantes de primer grado?

    _____

14. A los estudiantes, ¿qué les sorprende acerca de Rosa?

    _____

15. ¿Qué se sienten los miembros de su familia?

    _____

16. ¿Qué prefiere Rosa que sus hijos no hagan?

    _____

Práctica de vocabulario

5-7   Nuevos amigos

Escoja la palabra que mejor completa las siguientes descripciones de las personas que Ud. conoció en capítulo 5.

1. A María le gustaría _____ dentro de cinco años para poder pasar

    más tiempo con su esposo viajando en su avioneta.

    a. trabajar por horas
    b. estar en paro
    c. retirarse
    d. despedir

2. Rosa es maestra en una escuela primaria. Durante su(s) _____ del

    verano trabaja en una tienda.

    a. vacaciones
    b. horas extraordinarias
    c. tiempo completo
    d. evaluación

3. Caroline recibió su _____ en una escuela de belleza.

    a. empleo
    b. salario
    c. entrenamiento
    d. ascenso

4. John siempre está muy ocupado porque tiene que viajar mucho para su trabajo y tiene

    que trabajar muchos/as _____.

    a. descansos
    b. parados
    c. aumentos
    d. horas extraordinarias

5-8   Términos del trabajo

Explique la diferencia entre los siguientes pares de términos.

1. descanso / vacaciones

    _____

    _____

2. dejar / despedir

_____

_____

3. desempleo / jubilación

_____

_____

4. seguro médico / seguro social

_____

_____

5. ascenso / aumento

_____

_____

5-9   **Fuera del contexto**

Escoja la letra de la palabra que no pertenece al grupo.

_____ 1.   a. empleado
             b. trabajo
             c. supervisor

_____ 2.   a. puesto
             b. descanso
             c. empleo

_____ 3.   a. oficina
             b. salario
             c. sueldo

_____ 4.   a. paro
             b. desempleo
             c. jefe

_____ 5.   a. obrero
             b. gerente
             c. sindicato

5-10   Más términos del trabajo

Escriba una oración para cada término que demuestra el significado del término.

1. el día de pago

    _____

    _____

2. el sindicato

    _____

    _____

3. el/la temporero/a

    _____

    _____

4. subsidio de paro

    _____

    _____

5. pensión

    _____

    _____

José Luis Ortega

Me llamo José Luis Ortega y soy de Chihuahua, México. Yo tenía veinticuatro años y ya sabía hablar inglés cuando me mudé a los Estados Unidos en 1996. Empecé a trabajar con la compañía George's, una compañía de producción de pollos. Lo que hice allí era ayudar a las personas a recibir sus materiales de trabajo y básicamente era como un secretario de personal. La gran mayoría de las personas que trabajaban en aquel entonces y también ahorita en tales compañías, no hablan español. Yo ayudaba mucho con traducciones de problemas de personal, de problemas de sanidad, de problemas entre los mismos trabajadores y entre culturas. Yo lo hacía todo.

Empecé a trabajar en bienes raíces porque primeramente había una gran necesidad de personas o una persona que realmente hable español. Desgraciadamente, a muchas personas o familias hispanas se les ha tomado ventaja porque no hablan inglés. La otra razón es porque creo que la mejor manera de hacer algo es ayudar a las personas. Es un negocio que a mí me ha gustado siempre. Yo siempre he tenido una mente de comerciante y eso me ayudó. Si una persona se mete en este negocio y se mete por el dinero, es la razón incorrecta. Yo he podido ayudar a más de cincuenta familias durante dos años. A veces los clientes latinos van con una persona que va a aprovecharse de ellos porque no conocen las leyes. Eso es una gran desventaja porque ellos no toman el tiempo para aprender esas leyes. De todos modos, ellos pueden venir a mi oficina y yo les explico cómo son los contratos, cuál es el proceso de comprar una casa.

Para ser agente de bienes raíces, yo tuve que ir a una escuela especial para aprender las leyes del estado y para aprender todo lo general de la educación de bienes raíces y hacer un examen bastante difícil. Yo soy como le llaman un contratista independiente. Tengo una persona a la cual yo respondo que es el "broker" de la compañía, pero en realidad es mi propio negocio. Nosotros tenemos que estar constantemente estudiando y aprendiendo las nuevas leyes, los nuevos cambios. De hecho, estamos requeridos a asistir a dos días de clases que le llaman educación continua, en el cual nos hablan de diferentes áreas referentes a *real estate*.

Básicamente, yo llegué aquí con una maleta hace seis años y llegué con un sueño. Ese sueño era tener una vida mejor, formar una familia y lograr mis metas a base de trabajo harto. Esto me ha enseñado que no importa de dónde venga, no importa quién seas, ni cómo seas. Si tienes el corazón, si tienes a Dios en tu vida y si tienes las ganas de hacerlo y de lograrlo, lo vas a lograr, lo que sea. Simplemente poner alma, corazón y vida, dar todo de ti para lograr tu meta y lo vas a lograr.

5-11   Comprensión

1. ¿En qué tipo de compañía fue su primer trabajo en los Estados Unidos?

    _____

2. ¿Por qué pudo trabajar en el departamento de personal?

    _____

3. ¿Cómo ayuda José Luis a sus clientes latinos?

    _____

4. ¿Qué tipo de aprendizaje necesitó para ser agente de bienes raíces?

    _____

5. ¿Con qué soñaba al llegar a los Estados Unidos? Según José Luis, ¿qué se necesita hacer
    para alcanzar una meta?

    _____

5-12   ¿Se puede intuir?

Lea cuidadosamente cada afirmación e indique si es cierta (C), falsa (F) o sugerida (S).

1. _____   José Luis aprendió el inglés en México.

2. _____   Los jefes pueden comunicarse bien con los empleados latinos.

3. _____   En la compañía de bienes raíces, José Luis trabaja con los clientes que no
             hablan inglés.

4. _____   Trabaja con otra persona que es *broker*.

5. _____   Cuando llegó a los Estados Unidos, José Luis ya tenía bastante dinero.

5-13 Extensión

La compañía de bienes raíces ha invitado a José Luis a enseñar un curso cultural para los agentes que no conocen la cultura latina. Según lo que Ud. ha aprendido de las lecturas de este texto, ¿cuáles son los puntos principales que él debe mencionar? ¿Cuáles son los valores culturales más importantes?

_____

_____

_____

_____

_____

_____

_____

Entrevista virtual

Joel Barrera

Joel Barrera es un obrero guatemaltecoamericano que se siente muy orgulloso del trabajo que hace con el cemento. Mientras habla de su trabajo, también habla de su llegada a los Estados Unidos y las razones por las cuales salió de su país natal.

Comprensión

5-14 Primera proyección

Vea por primera vez el video sin escribir apuntes. Mírele bien la cara y fíjese en sus gestos.

¿Cómo es Joel? ¿Parece contento?

¿Dónde está?

_____

5-15 Segunda proyección

Antes de ver el video por segunda vez, eche un vistazo a las siguientes preguntas de selección múltiple. Después de verlo, contéstelas escogiendo la mejor respuesta.

1. Joel Barrera vino a los Estados Unidos hace más de...

   a. 12 años
   b. 22 años
   c. 28 años

2. Si las medidas no son exactas cuando hace las gradas, tienen que...

   a. arreglarlas
   b. trabajar despacio
   c. hacerlas de nuevo

3. Los obreros del cemento tienen que trabajar rápido para que el cemento...

   a. quede exacto
   b. no esté mojado
   c. no se seque

4. La razón principal por la cual Joel vino a los Estados Unidos fue...

   a. para buscar aventuras
   b. el dinero
   c. la política

5. Para llegar a los Estados Unidos, los guatemaltecos tienen que pasar por...

   a. la selva
   b. la inmigración
   c. México

6. Los mexicanos pueden distinguir fácilmente a los guatemaltecos por su manera de...

   a. caminar
   b. vestir
   c. hablar

7. Joel vino primero a...

   a. California
   b. Arizona
   c. Nuevo México

8. Los obreros usan las máquinas pulidoras para que el piso...

   a. se seque rápido
   b. quede liso
   c. no se seque rápido

9. Los trabajadores de cemento pueden ganar más de...

    a. $10 la hora

    b. $20 la hora

    c. $40 la hora

5-16   ¿Se acuerda de todos los detalles?

Conteste las preguntas según la información en el video.

1. ¿Cuáles son algunas de las experiencias lamentables que experimentó Joel en México?

_____

_____

_____

2. ¿Cuáles son los detalles del trabajo que hace Joel?

_____

_____

_____

5-17   Redacción

Joel Barrera implica que se considera más afortunado que la mayoría de guatemaltecos que han venido a trabajar a los Estados Unidos. Vamos a ver por qué es así. Vuelva a ver el video y saque apuntes sobre los siguientes temas.

El trabajo y la vida de Joel

1. ¿Cuáles son algunas razones por las cuales Joel se considera más afortunado que muchos otros guatemaltecos que han venido a los Estados Unidos?

   _____

2. Antes de trabajar con el cemento, Joel trabajó en toda una serie de trabajos distintos en lugares distintos. ¿Cuáles son?

   _____

3. trabajo actual:

   a. lo que hace _____

   b. la compañía para la cual trabaja _____

Finalmente, escriba una pequeña biografía de dos a cuatro párrafos sobre Joel Barrera aprovechando la información en sus apuntes.

_____

_____

_____

_____

_____

_____

_____

_____

_____

_____

Capítulo 6

Los profesionales

Estructura

The past subjunctive

The past subjunctive can be formed for all verbs by using the third person plural form of the preterit, dropping the -ron and adding:

-ra
-ras
-ra
´-ramos
-rais
-ran

PREPARAR	BEBER	TENER
(prepararon,	(bebieron,	(tuvieron,
prepara~~ron~~,	bebie~~ron~~,	tuvie~~ron~~,
prepara-)	bebie-)	tuvie-)
preparara	bebiera	tuviera
prepararas	bebieras	tuvieras
preparara	bebiera	tuviera
preparáramos	bebiéramos	tuviéramos
prepararais	bebierais	tuvierais
prepararan	bebieran	tuvieran

Although this rule has no exceptions, it is important to know all irregular preterits such as: *supieron → supiera, huyeron → huyera, pidieron → pidiera,* etc.

Práctica de estructura

6-1   El punto de vista de Ariel

Repase la entrevista de Ariel Gamiño. Luego, desde el punto de vista de Ariel, complete las siguientes oraciones utilizando el imperfecto del subjuntivo.

1. Era fantástico que el instituto de computación de Colima _____

    _____.

2. Para entender más técnicas de mi carrera, era importante que yo _____

    _____.

3. En Elgin Community College era bueno que los estudiantes me _____

    _____.

4. Trabjando en Lucent Technologies en Boston, era necesario que yo _____

    _____.

5. Era excelente que algunos amigos mexicanos de Havard me _____

    _____.

6-2   Beatrice Bellión

Repase la entrevista de Beatrice Bellión y los apuntes del texto sobre las cláusulas de *si*. Luego complete las siguientes oraciones con la forma apropiada del presente o del condicional.

1. Si no estudiara ingeniería industrial, yo _____

    _____.

2. En mi trabajo en Cisco Sytems, si no aseguro que cada banco está trabajando al ciento

    por ciento _____

    _____.

3. Si mi trabajo no fuera tan variado, yo _____

    _____.

4. Si no hablara otros idiomas, _____

    _____.

5. Si los gerentes de Cisco Systems no documentaran todo el proceso de producción,

    _____.

6-3   Joe Monsiváis

Repase la entrevista de Joe Monsiváis. Luego complete las siguientes oraciones con la forma apropiada del indicativo o del subjuntivo.

1. Mi familia no viajaría tanto si mi padre _____

    _____.

2. Si escuchara a mi corazón, yo _____

    _____.

3. Según mi mamá, tendría que trabajar si no _____

    _____.

4. Con mis estudios prácticos podría conseguir un trabajo si _____

    _____.

5. Si me quedara con un bufete de abogados, _____

_____.

6. Si un cliente está encarcelado, el caso _____

_____.

7. Si mi cliente se declara culpable, yo _____

_____.

8. Si no pudiera hablar dos idiomas, yo _____

_____.

Luis Raúl Jiménez, Ingeniero puertorriqueño y "fanático" del béisbol

Nombre: _____   Fecha: _____

6-4   Hablando hipotéticamente

Escriba apuntes sobre sus compañeros de clase y las personas que conocieron en el último capítulo y lo que dicen hablando hipotéticamente. Rellene los espacios con **el imperfecto (pasado) del subjuntivo** o el **condicional** según sea necesario.

1. Mi compañera de clase dice que se _____ (mudar) a otro país si sus hijos _____ (estar) en peligro.

2. Mi amigo dice que si él _____ (ser) el profesor, no les _____ (dar) exámenes a los alumnos.

3. Luis Raúl Jiménez dice que si él _____ (poder), _____ (ser) jugador profesional de béisbol.

4. Beatrice Lara Bellión dice que ella no _____ (ser) ingeniera de proceso si no le _____ (interesar) las matemáticas.

5. Beatrice dice que ella no _____ (estar) contenta si no _____ (trabajar) en Cisco Systems.

6. Beatrice dice que no _____ (ganar) tanto dinero si no _____ (hablar) tres lenguas.

7. Joe Monsiváis dice que no _____ (tener) tanto éxito si su mamá no le _____ (hacer) hablar español.

8. Ivette Ross dice que si ella _____ (tener) que estudiar ocho años para ser enfermera, ella _____ (preferir) ser doctora.

9. Si Ivette _____ (poder), ella _____ (dejar) su trabajo mañana.

10. Ivette dice que _____ (estar) más contenta si _____ (empezar) su propio negocio de fotografía.

6-5 Miriam Sagasti

Vuelva a escribir sus apuntes sobre Miriam cambiando la narración en el presente al pasado. Tenga cuidado de cambiar los verbos en *letra cursiva* de los tiempos presentes (presente del indicativo, presente del subjuntivo) a los tiempos pasados (pretérito o imperfecto e imperfecto del subjuntivo). Por favor, vuelva a escribir el párrafo entero.

Cuando Miriam Sagasti (1) *llega* a los EE.UU. ya (2) *tiene* más de veinticinco años. Sus hijos mayores (3) *nacen* en el Perú. De recién llegada, (4) *es* importante que ella (5) *aprenda* a hablar inglés; afortunadamente lo (6) *aprende* rápidamente. Miriam (7) *dice* que (8) *espera* que la casa editorial (9) *publique* su nuevo libro. Miriam se (10) *alegra* de que su nuevo libro (11) *tenga* tanto éxito. Miriam (12) *quiere* que sus hijos (13) *mantengan* contacto con su cultura y por eso (14) *insiste* en que (15) *conozcan* su país natal.

_____

_____

_____

_____

_____

_____

_____

_____

_____

_____

_____

_____

_____

Nombre: _____   Fecha: _____

Repaso de estructura

6-6   Las necesidades y preferencias

Vuelva a escribir sus apuntes sobre las necesidades y preferencias de los trabajadores y profesionales latinos que conoció en este capítulo y el capítulo anterior, siguiendo el modelo.

MODELO: Es necesario pasar tiempo con sus familiares. (todos)
Es necesario que todos pasen tiempo con sus familiares.

1. Es preciso trabajar muchas horas. (Ramón y Beatrice)

_____

2. Es importante tener algún impacto en la vida de los demás. (Beatrice)

_____

3. Es mejor vivir libre en los Estados Unidos. (Ariel Gamiño y Ramón Ruiz)

_____

4. Es importante seguir estudiando. (María Sustache y Beatrice Lara Bellión)

_____

5. Es preciso tener abogados bilingües. (todos)

_____

6. Es importante hablar español. (Beatrice, Joe, y Ramón)

_____

Práctica de vocabulario

6-7   Las personas que conocí en este capítulo

Escoja la palabra que mejor completa las siguientes descripciones de las personas que Ud. conoció en el capítulo 6.

1. Beatrice es ingeniera en un/una _____ de Cisco en Massachusetts.
    a. esquema
    b. colega
    c. competencia
    d. planta

2. Joe trabaja para los/las _____ que no pueden pagar un abogado.
    a. acusados
    b. testigos
    c. aspirantes
    d. datos

3. Ivette se interesó en la computación cuando trabajaba de _____ en Sears.

    a. empaque

    b. tiempo parcial

    c. fiscal

    d. colega

4. Ariel trabaja en una consultoría en Miami y _____ nuevos sistemas para ayudar a las empresas a resolver sus problemas de negocio.

    a. contrata

    b. asegura

    c. entrevista

    d. diseña

6-8   Las raíces

Para cada uno de los siguientes términos escriba el verbo que tiene la misma raíz que la palabra.

MODELO: desarrollo   _desarrollar_

1. pedido   _____

2. competencia   _____

3. vendedor   _____

4. acusación   _____

5. empaque   _____

6. defensor   _____

7. referencia   _____

8. aspirante   _____

6-9 Asociaciones

Escriba tres palabras que se asocian con cada uno de los siguientes términos. Luego, escriba una oración que demuestre el significado del término.

MODELO: los medicamentos

pastilla   _inyección_   _farmacia_

Mi primo está muy enfermo y tiene que tomar muchos medicamentos.

1. el juicio

    _____   _____   _____

    _____

2. el aspirante

    _____   _____   _____

    _____

3. solicitar un empleo

    _____   _____   _____

    _____

6-10 Definiciones

Escriba la letra de la definición que corresponde a los siguientes términos.

1. _____ la agencia de empleos   a. persona designada para decidir en un juicio

2. _____ los datos   b. cuenta detallada de los objetos incluidos en una venta

3. _____ la factura   c. empresa dedicada a ayudar a los aspirantes a buscar trabajo

4. _____ el/la juez   d. información organizada para análisis

5. _____ el ambiente   e. las condiciones o circunstancias que rodean o caracterizan un lugar

César Aguilar

Nací en Santa Ana, un pueblo en el noroeste de El Salvador. Vine a los Estados Unidos en 1984 cuando tenía 16 años. Mi madre me mandó por la guerra política para que estuviera en un lugar menos peligroso. Tuve suerte que mi tía estaba en California, y ella me puso en la escuela secundaria en California. Allí también empecé a estudiar inglés en la escuela de noche y en la calle. En la escuela aprendí un poco de cómo escribir y me dio la pronunciación mejor. En la calle aprendí más de las cosas diarias, frases que necesitas cada día. Una cosa que me ayudaba mucho a mí fue ver las noticias por las noches. Siempre veíamos ABC News con Peter Jennings y escuchábamos cómo él pronuncia el inglés, lo cual me ayudaba mucho a mejorar mi inglés.

Me acuerdo bien de un día cuando todavía estaba aprendiendo a hablar inglés. Estaba con dos chavales y fuimos a pedir cambio a una tienda. Tenía un dólar y buscamos unas *cuatas* [quarters]. En la tienda donde fuimos su especialidad era cadenas de perros y tuvimos problemas para darnos a entender porque "chain" y "change" suenan muy parecidos. Entonces pensamos que estábamos pidiendo bien lo que queríamos y le dije al dueño de la tienda "change?" Pero me entendió mal y me dijo "chain?" y me dio una cadena por un dólar. Creo que así es siempre que cuando uno aprende un idioma nuevo, siempre da historias así.

Cuando me mudé a Arkansas en el '85, no había muchos hispanos. En aquel entonces yo pienso que había entre 50.000 y 75.000 familias latinas aquí en noroeste Arkansas. Éramos tan pocos que cuando mirabas a una familia que hablaba español en Wal-Mart, era "Eh, ¿dónde vives? ¡Dame tu teléfono!" Ahora son más del doble de eso. Como esta área ha crecido tanto últimamente la ciudad de Rogers creó el puesto que ocupo actualmente. Mi título es Director del Centro de Apoyo de la Ciudad de Rogers. Ésa es una oficina que fue fundada en el año 2000. El propósito de la oficina es proveer información y servir a los recién llegados a nuestra comunidad, ayudándoles a establecerse en la comunidad. Estamos aquí no sólo para los latinos sino los de cualquiera raza. Muchos de los líderes de la comunidad, hispanos, también anglosajones, estaban preocupados que no había nadie así para ayudar a la gente y llevar sus preocupaciones o sus ideas a los líderes de la comunidad y eso es parte de mi trabajo. Aparte de eso, también soy mediador de los hispanos en cuanto a la ciudad. Si alguien tiene algo mal entendido con la ciudad es mi trabajo ayudarle a solucionar el problema.

Realmente no tengo una agenda fija. Viene gente que me dice "Señor, necesito ayuda para llenar una aplicación para un empleo que quiero". También pueda tener gente que tenga problemas con vivienda de nivel de la ciudad o alguien con una traducción que necesita. Además de eso voy a reuniones para hablar o presentar a las organizaciones sobre nosotros. Hablo inglés allí porque mucha gente piensa que hacemos un servicio no más que para la gente española, pero es para todo el mundo. No soy político pero trabajo para el alcalde, quien es político. Yo creo que estoy todo el tiempo en el medio porque mi trabajo es ser mediador, y no tomar lados. A veces se me hace difícil cuando hay injusticia pero es mi trabajo crear armonía y siempre hago lo mejor que puedo para lograrlo.

6-11   Comprensión

1. ¿Por qué vino César a los EE.UU.?

_____

2. ¿Quién era su modelo de pronunciación correcta?

_____

3. ¿Cómo era el noroeste de Arkansas cuando llegó César?

_____

4. ¿Qué hace César en su papel de mediador?

_____

5. ¿Cómo demuestra César que trabaja para todos los ciudadanos y no sólo para los latinos?

_____

6-12   ¿Se puede intuir?

Lea cuidadosamente cada afirmación e indique si es cierta (C), falsa (F) o sugerida (S).

1. _____ Su mamá le mandó a los Estados Unidos para recibir una mejor educación.

2. _____ Hay sonidos en el idioma inglés que son difíciles para los latinos.

3. _____ Peter Jennings habla *Standard English*.

4. _____ El puesto de César fue establecido para ayudar a los latinos.

5. _____ El día de César tiene poca variedad; siempre está tratando de resolver problemas de los latinos.

6-13 Extensión

César ha decidido ser candidato para el puesto de alcalde de Rogers. ¿Cuáles serán los puntos más importantes de su campaña para este oficio?

_____

_____

_____

_____

_____

_____

_____

_____

_____

_____

_____

Entrevista virtual

Ramón Ruiz

Ramón Ruiz es un médico cubanoamericano que se siente muy orgulloso de su cultura cubana y su ciudadanía estadounidense.

Comprensión

6-14   Primera proyección

Vea por primera vez el video sin escribir apuntes. Mírele bien la cara y fíjese en sus gestos.

¿Cómo es Ramón? ¿Parece contento?

_____

La sonrisa de Ramón aparece cuando está hablando de _____.

6-15   Segunda proyección

Antes de ver el video por segunda vez, eche un vistazo a las siguientes preguntas. Después de verlo, contéstelas.

1. ¿En qué ciudades ha vivido Ramón Ruiz?

    _____

2. ¿Por qué se siente dichoso?

    _____

3. ¿Cómo influyó el tío médico en la vida profesional de Ramón?

    _____

4. ¿Dónde vive ahora?

    _____

5. ¿Qué dice de la comunidad latina allí?

    _____

6-16   ¿Se acuerda de todos los detalles?

Conteste las preguntas según la información en el video.

1. ¿Cuántos años tenía Ramón cuando vino a los Estados Unidos?

   _____

2. Después de salir de Cuba, ¿adónde fueron Ramón y su familia antes de llegar a los EE.UU.?

   _____

3. ¿Cuál es la especialización de Ramón?

   _____

4. ¿Cómo es la hija de Ramón?

   _____

6-17   Redacción

Ramón Ruiz implica que se considera muy afortunado que ha venido a trabajar y vivir a los Estados Unidos. Vamos a ver por qué es así. Vuelva a ver el video y saque apuntes sobre los siguientes temas.

El trabajo y la vida de Ramón

1. ¿Cuáles son algunas razones por las cuales Ramón se considera más afortunado?

   a. razones explícitas

   _____

   b. razones implícitas

   _____

Finalmente, escriba una pequeña biografía de dos a cuatro párrafos sobre Ramón Ruiz aprovechando la información en sus apuntes.

_____

_____

_____

_____

_____

_____

_____

_____

_____

_____

_____

Answer Key

Capítulo 1

1-1

1. Yo
2. Él
3. Ella
4. Nosotras
5. ella
6. ustedes

1-2

1. ——
2. yo; tú
3. ella
4. ——
5. Ella o Él
6. ——

1-3

1. lo
2. los
3. la
4. te
5. los
6. me

1-4

1. Nosotros los vamos a cuidar. OR Nosotros vamos a cuidarlos.
2. Juanita y yo llamamos para confirmarlas.

3. Ustedes los van a recoger. OR Ustedes van a recogerlos.
4. Sí, yo lo quiero llevar. OR Sí, yo quiero llevarlo.
5. María y Lupe las están haciendo. OR María y Lupe están haciéndolas.
6. Mélida las tiene.
7. Jorge las va a cargar. OR Jorge va a cargarlas.
8. Tú la apagaste.

1-5 Answers may vary.

1. ¿Trae usted animales o plantas? No, no los traigo.
2. ¿Tiene usted un asiento asignado? Sí, sí lo tengo.
3. ¿Quiere usted la sección de no fumar? Sí, sí la quiero.
4. ¿Lleva usted equipaje de mano? Sí, sí lo llevo.
5. ¿Tiene usted su tarjeta de embarque? Sí, sí la tengo.
6. ¿Confirmó usted su vuelo? Sí, sí lo confirmé.
7. ¿Hizo usted sus maletas? Sí, sí las hice.
8. ¿Disfrutó usted de sus vacaciones? Sí, sí las disfruté.

1-6

1. Pienso regalarle... OR Le pienso regalar...
2. Le voy a comprar... OR Voy a comprarle...
3. Me voy a comprar... OR Voy a comprarme...

4. Les voy a regalar... OR Voy a regalarles...
5. Pienso darles... OR Les pienso dar...
6. Te voy a traer... OR Voy a traerte...

1-7

1. le fascina
2. te molesta
3. le queda
4. les caen mal
5. les encanta
6. nos falta
7. les interesan

1-8 Answers will vary.

1-9 Answers will vary.

1. ¿Por qué se las estaba gritando? OR ¿Por qué estaba gritándoselas?
2. ¿Por qué se las hizo en alemán?
3. ¿Cómo? ¿Se los tiraron?
4. ¿Por qué se la pidió antes?
5. ¿Por qué te la dio?
6. ¿Por qué se la enseña?

1-10

1. Sí, se los conseguí.
2. Sí, se lo regaló.
3. Sí, se las traje.
4. Sí, se las repitió.
5. Sí, se las dejó.
6. Sí, se lo compraron.
7. Sí, se lo sirve.
8. Sí, se la pagó.

1-11

1. nos
2. nos
3. me
4. nos
5. se
6. se
7. se
8. se

9. se
10. se

1-12

1. se nos olvidó
2. se le cayeron
3. se nos acabó
4. se nos paró
5. se me rompió
6. se me perdió

1-13

1. ¿De dónde es Ud.?
2. ¿Por qué tuvo Ud. problemas académicos?
3. ¿Por cuánto tiempo fue Ud. estudiante de intercambio?
4. ¿Qué clases tomaba Ud. en el tercer año de UDLA?
5. ¿A quién conoció Ud. en su último semestre?
6. ¿Dónde hizo (ha hecho) Ud. su carrera profesional?
7. ¿Por qué le gusta enseñar en la universidad.
8. A su familia y a Ud., ¿qué les agrada?
9. ¿Cuántos hay en su casa?
10. ¿Qué es lo más importante para Uds.?
11. ¿Cómo se llama Ud.? ¿Cuál es su nombre?
12. ¿Cómo fue el proceso de adaptarse nuevamente a la cultura norteamericana?
13. ¿Cómo es Ud.?
14. ¿Cuál es su especialidad?
15. ¿Cómo son las casas de Phoenix? ¿Cómo es la arquitectura de las casas de Phoenix?
16. ¿Quiénes nacieron en Medellín?
17. ¿Por qué le animaron sus padres a que estudiara otra cosa que filosofía?
18. ¿Quién le defendió?
19. ¿Qué aprendió Ud. en las fiestas?
20. ¿De qué nacionalidad es Ud.?

1-14

1. c
2. b
3. d
4. a

1-15

1. la veterinaria
2. las matemáticas
3. la psicología
4. el derecho
5. la pedagogía
6. la filosofía

1-16

1. d
2. h
3. f
4. e
5. a
6. g
7. c
8. b

1-17 Answers will vary.

1-18

1. periodismo
2. para reunirse con un hombre
3. la cultura hispanoamericana
4. creía que eran distintos
5. el respeto

1-19

1. S
2. F
3. S
4. S
5. C

1-20 Answers will vary.

1-21 Answers will vary.

simpática, relajada, inteligente, etc.

1-22

1. b
2. a
3. b

4. c
5. a
6. c
7. a
8. c
9. c
10. b
11. c
12. a
13. c
14. b
15. a

1-22

1. Hato Rey
2. lingüística
3. lingüística / Universidad de California del Sur en Los Ángeles
4. Latín, Francés, Alemán / Puerto Rico
5. (will vary): trabajen en grupos, que estén relajados, que se rían, etc.
6. (may vary): para estudiar, para estudiar para el examen final

1-23 Answers will vary.

Capítulo 2

2-1

1. era
2. vivía
3. era
4. había
5. pasábamos
6. estábamos
7. compartíamos
8. jugaba
9. gustaba
10. Escondía
11. veía
12. entraba
13. vivía
14. visitábamos
15. se vestía
16. iba
17. tenía
18. éramos
19. queríamos

2-2

1. José Miguel de Varona renunció su puesto con el gobierno y salió del país.
2. Eileen Phinney estuvo en Inglaterra durante la Segunda Guerra Mundial.
3. Cuando Eileen Phinney era niña, tomó clases de ballet.
4. Amalia Carrasquillo Gerrish fue una maestra bilingüe en Boston.
5. José Miguel de Varona estudió en la escuela de medicina de la Universidad de Habana.
6. En su vida de estudiante, Amalia Carrasquillo Gerrish no se sintió marginada.
7. José Miguel de Varona hizo la casa en donde vive.

2-3

1. José Miguel de Varona se fue de la isla de Cuba.
2. Eileen Phinney no pudo encontrar mantequilla durante la guerra.
3. José Miguel de Varona y su esposa tuvieron que despedirse de sus hijos.
4. Amalia Gerrish supo que había mucha discriminación en Boston.
5. La abuela de Rosa Ramos se murió rescatando una gallina.
6. Amalia Gerrish se hizo una maestra bilingüe
7. Rosa Ramos leyó libros prohibidos.
8. José Miguel de Varona nunca volvió a su país natal.

2-4

1. nació
2. tenía
3. era
4. era
5. estaba
6. comían
7. iban
8. tenía
9. fue
10. graduó
11. conoció
12. estaban
13. apoyaban
14. desilusionaron
15. decidieron
16. podían
17. existía
18. renunció
19. empezó
20. permitió

2-5

1. crecí
2. salí
3. fui
4. estuve OR estaba
5. fui
6. vine
7. casé
8. conocimos
9. fue
10. tenía
11. aprendí

12. hacía
13. era
14. tomaba OR tomé
15. tenía
16. encantaba
17. estaba OR estuve
18. era
19. Pensaba
20. era
21. estaba
22. entrenaban
23. experimenté

2-6 Answers will vary.

2-7 Answers will vary.

2-8

1. Lo empecé cuando tenía 25 años.
2. Me quedé en Puerto Rico porque me gustó tanto.
3. Me gustó aun más.
4. Sí, los leí.
5. La conocí en la universidad.
6. Lo renuncié porque mi esposa y yo no podíamos vivir en un país donde no existía la libertad política ni personal.
7. Sí, los mandamos allí.
8. Nos reunimos en Nuevo México.
9. No lo experimenté porque ya había vivido en Inglaterra.
10. Los usaba para comprar cosas racionadas como la carne.
11. Lo comía porque era una de las cosas más fáciles de obtener.
12. Sí, ella me las mandaba.
13. Sí, la estudié en una universidad.
14. La tenía a causa del teatro y la multiplicidad cultural.
15. Lo vi pero no lo sentí dirigido hacia mí.
16. Me sorprendió lo tajante de las diferencias raciales en los Estados Unidos.

2-9

1. c
2. a
3. d
4. a

2-10

1. e
2. d
3. a
4. c
5. b

2-11

1. libertad
2. buscar
3. choque
4. extrañó

2-12 Answers will vary.

2-13

1. para estudiar
2. iba a casarse con otro hombre
3. tres semanas
4. era pequeño, oscuro y feo
5. van de vacaciones

2-14

1. C
2. C
3. C
4. C
5. S

2-15 Answers will vary.

2-16 Answers will vary.

simpática, paciente

2-17

1. c
2. a
3. b
4. b
5. a

6. c
7. b
8. c
9. c
10. b
11. b
12. c

2-18

1. Vivían en Camagüey.
2. Era el tío abuelo de doña Isabel; era muy cómico, contaba historias inverosímiles.
3. Dijo que es la playa más hermosa de Cuba, done la familia pasaba las vacaciones de verano.
4. Toda la familia celebra con mucha alegría, mucha comida y un lechón asado.
5. No querían vivir bajo Castro.
6. Fue un viaje muy peligroso; al llegar se hundió el barco; doña Isabel estaba muy angustiada.

2-19 Answers will vary.

Capítulo 3

3-1

1. celebrará
2. será
3. invitará
4. irá
5. servirá
6. llevará
7. tendrá
8. habrá
9. comerán
10. dará
11. bailará
12. se divertirán
13. recordarán

3-2 Answers will vary.

3-3 Answers will vary.

3-4 Answers will vary.

3-5 Answers will vary.

3-6 Answers will vary.

3-7 Answers will vary.

3-8

1. por
2. Por
3. para
4. para
5. por
6. por
7. para
8. para
9. para
10. por
11. para
12. por
13. para
14. por
15. para
16. por
17. para
18. para
19. por
20. por

3-9

1. nos mudamos
2. empecé
3. era
4. me levantaba
5. me preparaba
6. conducía
7. practicaba
8. iba
9. llegaba
10. jugaba
11. comía
12. hacía
13. me acostaba
14. nos fuimos
15. vivían
16. Hacía
17. hubo
18. se cayeron
19. pasó
20. se heló
21. se murieron
22. volvimos
23. funcionaba
24. tuvo

3-10

1. a
2. c
3. b
4. c
5. d

3-11 Answers will vary. Possible answers:

1. escondite, juguetes, lleva

2. patinete, juegos de video, inseguridad
3. baile, festejar, rebelarse

3-12 Answers will vary.

3-13 Answers will vary.

3-14

1. Hubo problemas de inmigración.
2. Su abuelo se murió y la abuela estaba sola.
3. Bailar, cantar, memorizar poemas y dibujar.
4. Libros de terror.
5. Arqueóloga, antropóloga, científica, bióloga.

3-15

1. C
2. F
3. C
4. C
5. F

3-16 Answers will vary.

3-17 Answers will vary.

3-18

1. b
2. a
3. c
4. c
5. a
6. a
7. c
8. c
9. b
10. a

3-19

1. Shakira
2. Parientes de Sara en Colombia: Olimpia es la abuela y Santiago es un primo suyo.
3. Hay terneros, vacas, y caballos.
4. Primero va a la biblioteca a sacar unos libros para leer. Luego va a la clase de Mrs. Palmer

para estudiar matemáticas y lengua. Luego chequea el trabajo. Matemáticas. Entonces tienen las "otras" clases: español, PE, música, computación. Luego, Social Studies y ciencias. Almuerza; y después de almorzar, estudia historia y ciencias. Luego va a jugar. Finalmente se sienta a leer (DEAR time).

5. Le gustan los cuentos, libros de misterio, los de la serie de Goose bumps (Escalofríos).

3-20 Answers will vary.

Capítulo 4

4-1

1. tengan
2. sientan
3. vivan
4. sufran
5. odien
6. olviden
7. busquen
8. luchen
9. digan
10. tengan

4-2

1. Miriam espera trabajar en casa; además espera que sus hijos mantengan el contacto con su país natal.
2. Sara quiere bailar como Shakira; además quiere que su hermano esté tranquilo.
3. Sara Cassina espera que su bebé sea bien educada; además espera graduarse del colegio.
4. Leonel sueña con que los inmigrantes guatemaltecos no tengan tantos problemas; además sueña con terminar la escuela.

4-3

1. quien
2. que
3. los cual
4. el que
5. que

4-4

1. Gloria tiene un nuevo álbum cuyas canciones son cubanas.
2. Gloria Estefan ha grabado muchas canciones cubanas que su abuela cantaba.
3. Gloria se crió en una casa en Miami en la cual su mamá conservaba la cultura cubana.
4. La abuela de Gloria le cantaba canciones que Gloria siempre recuerda.
5. Gloria tiene dos hijos quienes la acompañan en sus giras de concierto.

4-5

1. Ricky Martin es un cantante latino que gana mucho dinero.
2. Ricky ha firmado un nuevo contrato con la compañía Pepsi cuyos productos son muy populares en la comunidad latina.
3. Ricky tiene una casa en Miami en la cual hay mucho cuadros de artistas latinos como Noé Hernández.
4. Ricky ganó millones de dólares el año pasado lo cual no nos sorprendió nada.

4-6 Answers will vary.

4-7

1. por
2. para
3. para
4. para
5. para
6. por
7. para
8. por
9. Por
10. para
11. Para

4-8

1. b
2. a
3. c
4. d

4-9 Answers will vary. Possible answers:

1. canción, cantante, letra
2. mármol, arcilla, yeso
3. ritmo, timbales, maracas
4. cuadro al óleo, pintura, dibujo
5. película, actor/actriz, estreno

4-10

1. televidente
2. disco compacto
3. estudio de grabación

4. cantante
5. maracas

4-11

1. éxito
2. cadena
3. lienzo
4. letra
5. canales

4-12

1. Hace dos años.
2. El líder se casó y se lo dio.
3. El mambo.
4. En Puerto Rico.
5. En el ritmo de la música.

4-13

1. C
2. C
3. C
4. F
5. F

4-14 Answers will vary.

4-15 Answers will vary.

4-16

1. b
2. a
3. c
4. b
5. c
6. b
7. a

4-17

1. Miriam hace ilustraciones para libros para niños.
2. Answers will vary

4-18 Answers will vary.

Capítulo 5

5-1

1. Beatrice prefiere una profesión que le permita viajar.
2. Rosa y Caroline quieren seguir una profesión en que puedan hablar español.
3. John y María buscan un trabajo en que ellos traten con mucha gente.
4. Todos quieren trabajos que les permitan pasar más tiempo con la familia.
5. John y Rosa prefieren un trabajo en que ayuden a la gente.

5-2

1. prefiere
2. parece / parezca
3. vengan
4. crezcan
5. hay
6. pueda
7. pueda
8. juegan
9. tienen
10. sea
11. sepan

5-3

1. quieren
2. puede
3. tiene / tenga
4. trabaje
5. permita

5-4

1. gusta
2. tenga
3. dañe
4. hablan / hablen
5. habla

5-5

1. hablen
2. va
3. busquen
4. quieren
5. asistan
6. consigan
7. vayan
8. tengan

5-6 Answers will vary.

5-7

1. c
2. a
3. c
4. d

5-8 Answers will vary.

5-9

1. b
2. b
3. a
4. c
5. c

5-10 Answers will vary.

5-11

1. De producción de pollo.
2. Ya sabía hablar inglés.
3. Les explica los contratos y el proceso de comprar una casa.
4. Las leyes del estado y de bienes raíces.
5. Tener una vida mejor, formar una familia, y lograr sus metas.

5-12

1. C
2. F
3. C
4. C
5. F

5-13 Answers will vary.

5-14 Answers will vary.

5-15

1. a
2. c
3. c
4. b
5. c
6. c
7. a
8. b
9. b

5-16 Answers will vary.

5-17 Answers will vary.

Capítulo 6

6-1 Answers will vary.

6-2 Answers will vary.

6-3 Answers will vary.

6-4

1. mudaría . . . estuvieran
2. fuera . . . daría
3. pudiera . . . sería
4. sería . . . interesaran
5. estaría . . . trabajara
6. ganaría . . . hablara
7. tendría . . . hiciera
8. tuviera . . . preferiría
9. pudiera . . . dejaría
10. estaría . . . empezara

6-5

1. llegó
2. tenía
3. nacieron
4. era / fue
5. aprendiera
6. aprendió
7. dijo
8. esperaba
9. publicara
10. alegraba
11. tuviera
12. quería
13. mantuvieran
14. insistía / insistió
15. conocieran

6-6

1. Es preciso que Ramón y Beatrice trabajen muchas horas.
2. Es importante que Beatrice tenga algún impacto en la vida de los demás.
3. Es mejor que Ariel Gambiño y Ramón Ruiz vivan libres en los EE.UU.

4. Es importante que María Sustache y Beatrice Lara Bellión sigan estudiando.
5. Es preciso todos tengan abogados bilingües.
6. Es importante que Beatrice, Joe y Ramón hablen español.

6-7

1. d.
2. a.
3. b.
4. d.

6-8

1. pedir
2. competir
3. vender
4. acusar
5. empacar
6. defender
7. referir
8. aspirar

6-9 Answers will vary.

6-10

1. c.
2. d.
3. b.
4. a.
5. e.

6-11

1. Para estar en un lugar menos peligroso que El Salvador.
2. Peter Jennings.
3. No había muchos hispanos.
4. Ayuda a la gente a resolver sus problemas con la ciudad.
5. Habla inglés en las reuniones.

6-12

1. F
2. C
3. S

4. F
5. F

6-13 Answers will vary.

6-14

contento, answers will vary.
La sonrisa de Ramón aparece cuando está
hablando de su hija.

6-15

1. En Miami; Talahassee; Birmingham; y Chapel
   Hill, Carolina del Norte.
2. Answers may vary, may include: por las dos
   culturas, por la libertad que goza en EE.UU.,
   por su profesión, por su familia, por su hija.
3. El tío hablaba y le enseñaba su área de
   especialización (cirugía maxiofacial).
4. Vive en Chapel Hill, Carolina del Norte.
5. Dice que la comunidad latina en Carolina del
   Norte está creciendo rápidamente.

6-16

1. Tenía tres años cuando llegaron.
2. Fueron primero a España.
3. La cirugía maxiofacial
4. Dice que su hija es muy bonita, una niña
   increíble; muy inteligente y muy cariñosa.

6-17 Answers will vary.